Kristina Hansen

Hampelreiter & Glitzerfische

Musikalisches Lernen und Schulung der Sinneswahrnehmung mit Spielen, Liedern und Versen in Krippe, Kita und Eltern-Kind-Gruppen

Ökotopia Verlag, Münster

Impressum

Für David, Julian und Simon
und für alle anderen großen und kleinen Kinder,
mit denen ich Musik machen durfte.

Autorin: Kristina Hansen
Illustrationen: Vanessa Paulzen
Lektorin: text.[Marke] Katja Müllenmeister, Hamburg
Satz: Hain-Team, Bad Zwischenahn
ISBN: 978-3-86702-127-2

1 2 3 4 5 6 7 8 9 · 17 16 15 14 13 12 11 10

Inhalt

Jedes Kind besitzt musikalisches Potenzial

Die Kinder spielen Klavier

„Musikerziehung (lehrt) den Menschen (…), sein Unterscheidungspotenzial zu nutzen und damit seine Lebensqualität zu verbessern“ (Gordon 2003, 23, Übersetzung der Autorin).

Jeder, der Kinder hat oder mit ihnen arbeitet, wünscht sich, dass sie später als Erwachsene im Leben bestehen können und dass ihnen Flügel wachsen, die sie durch das Leben tragen. Diesen Wunsch hegen alle Eltern, quer durch alle Bildungsschichten. Gerade in einer Zeit, da in Deutschland schulische Leistungen sehr stark von der sozialen Herkunft eines Kindes abhängen, ist es wichtig, Kindern Bildung schon sehr frühzeitig und breitgefächert zukommen zu lassen. Das gilt auch für die musikalische Frühförderung.

Der amerikanische Musikwissenschaftler und Pädagoge **Edwin E. Gordon** entwickelte eine Methode, durch die Kinder über die Beschäftigung mit Musik lernen, ihr Potenzial zu nutzen, um es zu Talenten auszubauen. In Verbindung mit dem Konzept der Sensorischen Integration von **Jean**

Ayres, Ergotherapeutin mit einem Doktortitel in pädagogischer Psychologie, schafft seine Methode eine gute Voraussetzung, um die Kinder frühzeitig an die Musik heranzuführen und so ihre Lebensqualität zu steigern.

Musikalisches Potenzial fördern

Gordon unterscheidet zwischen musikalischem Talent und Potenzial. Potenzial ist die angeborene Fähigkeit, wohingegen sich Talent aus den Einflüssen der Umgebung und den angeborenen Fähigkeiten zusammensetzt. In seiner „Music Learning Theory for Newborn and Young Children" beschreibt Gordon, dass musikalisches Potenzial sich umso besser fördern lässt, je früher damit begonnen wird.

Forschungsergebnisse

(Gordon 2003, 14 ff., Übersetzung der Autorin):

- Ein Kind, das mit sechs Monaten durch Eltern oder den Musikunterricht mit Musik in Berührung kommt, hat bei gleichem angeborenen Potenzial einen Vorsprung an Talent gegenüber einem Kind, das erst mit zwei Jahren Musikerfahrungen sammelt, allein durch den frühen Umgang mit Musik.
- Mit sechs Monaten ist ein Baby in der Lage, zwischen „Dur" und „Moll" zu unterscheiden. Diese Unterscheidungsfähigkeit tut es durch Blicke oder Positionswechsel kund.
- Mit zwei bis drei Jahren fangen Kinder an, einfache Tonfolgen nachzusingen und komplexere Klanglichkeiten zu unterscheiden. Wird darauf eingegangen und wird ihnen die Gelegenheit geboten, unterschiedliche Klänge und Musikstile kennenzulernen, so wird ihr Unterscheidungspotenzial gefördert.
- 68 % aller Kinder haben ein durchschnittliches musikalisches Potenzial, 16 % ein überdurchschnittliches und 16 % ein unterdurchschnittliches musikalisches Potenzial. Einige Kinder sind eher melodisch begabt, andere rhythmisch. Das musikalische Talent jedes Kindes ist bis zu seinem 9. Lebensjahr beeinflussbar, da es sehr stark von den Einflüssen der Umgebung abhängt.
- So wie es kein Kind gibt, das ohne Intelligenz auf die Welt kommt, gibt es kein Kind mit nicht wenigstens etwas musikalischem Potenzial.

Kinder sollten daher altersgemäß gefördert werden. Im Musikunterricht haben Kinder die Möglichkeit:

- **spielerisch musikalische Entdeckungen zu machen,**
- unterschiedlichste Klänge und Rhythmen kennenzulernen,
- Musik aus verschiedenen Kulturen zu hören,
- sich zu unterschiedlichen Musiken zu bewegen,

- sich auf altersgerechten Instrumenten auszuprobieren,
- sich immer wieder anhand von **Echospielen** (s. auch S. 22) und **Liedern** hörend mit den unterschiedlichen **Tonalitäten** und **Rhythmen** zu beschäftigen,
- zu **singen**, denn das ist das beste Mittel für das musikalische Lernen.

Sensorische Integration und musikalischer Unterricht

Das für Gordons Ansatz sehr zentrale **Hören** ist nur einer von sieben Sinnen. **Jean Ayres**, Begründerin des Konzepts der **Sensorischen Integration**, ging bereits vor 20 Jahren von folgender Annahme aus:

„Beim Menschen kommunizieren sämtliche sensorische Systeme untereinander, und sie funktionieren in uns miteinander viel intensiver, als den meisten bewusst ist“ (Ayres 2002, 68).

Jean Ayres Studien belegen, dass ein Sinn und sein sensorisches System nicht isoliert existiert, er ist beeinflusst und unterstützt durch andere sensorische und motorische Systeme. In der musikalischen Frühförderung müssen daher die Sinne planvoll angesprochen werden, um die musikalischen Fähigkeiten der Kinder weiterzuentwickeln.

Ursprünglich als Therapie für Kinder mit Konzentrations-, Bewegungs- und Lernschwierigkeiten entwickelt, ist das Konzept der Sensorischen Inte-

Wilder Tanz der Igelbälle auf der Decke

gration daher auch für die musikalische Frühförderung von besonderer Bedeutung. Die Gesangsstimme vertrauter Bezugspersonen, seien es nun Eltern oder ErzieherInnen, Bewegungen, die das Kleinkind erfährt, Kniereiter, Tänze, Berührungen, all das führt dazu, dass das Hören und Sehen, der Tastsinn, das Gleichgewicht und die Tiefenwahrnehmung ausgezeichnet geschult werden. Dies ist die beste Voraussetzung für jede Art des Lernens.

Die Rolle der Krippen und Kindergärten

*„Entscheidend für die Kinder ist, welche Anregungen sie in den ersten Jahren ihres Lebens erhalten. (…) In diesem Zusammenhang kann die **Bedeutung der Kindergärten als erste öffentliche Sozialisationsräume nicht hoch genug eingeschätzt werden** – immerhin verbringt ein Kind dort 4 000 Stunden“ (Asmus Hinz 2006, 6).*

Erfahrene SchulpädagogInnen halten die Einbeziehung der Sensorischen Integration in die allgemeinen Unterrichtsinhalte seit langem für essenziell (vgl. Amrhein 1997, 40–48). Sobald die Kinder aber erst einmal die Grundschule oder gar die weiterführende Schule besuchen, fällt es ihnen ungleich schwerer, sensorische und motorische Empfindungen zu integrieren, die sie für das schulische Lernen benötigen.

Spiel mit der Eicheltrommel

Auch Gordon wies darauf hin, dass Kinder in den ersten Lebensjahren bestimmte neuronale Verknüpfungen benötigen, um den Hörsinn auszubilden (vgl. Gordon 2003, 2). Lernen kann man ein Leben lang, aber nie wieder so mühelos wie zu Beginn des Lebens.
Der Kindergarten, vor allem die Krippe, aber auch Musikschulen können Erfahrungen ermöglichen, die für die musikalische, motorische, sensorische und kognitive Entwicklung sowie für die Lernfähigkeit der Kinder sehr wichtig sind.

Ein Buch für die Praxis

Mit dem vorliegenden Buch wurde ein Musikkonzept entwickelt, das sich aus dem sensorisch-integrativen Ansatz als Voraussetzung für jegliches Lernen und den musikpädagogischen Grundlagen, die Edwin E. Gordon in langjähriger Forschungstätigkeit entwickelte, zusammensetzt. Daraus ist ein Praxisbuch entstanden, das sich an all jene wendet, die musikalisch mit Kindern im Alter zwischen 3 Monaten und 4 Jahren arbeiten und den Kindern den Spaß an der Musik, ein Stück Kulturgut, Bildung und Kreativität vermitteln wollen. Als Ausblick gibt es auch einige musikalische Anregungen für vier- bis sechsjährige Kinder.
All diese Aspekte finden im Praxisteil ihre Umsetzung. Dort gibt es eine umfangreiche Sammlung von Liedern und musikalischen Spielen, die auf das Konzept abgestimmt sind und den Kern des Buches ausmachen.

Musik mit allen Sinnen erleben

Sensorische Integration (Jean Ayres)

Gleichzeitige Anregung des Tastsinns, der Tiefenwahrnehmung und des Gleichgewichtssinns

Die Stimulierung der Sinne ist wie Nahrung für den Menschen. Sinnesempfindungen machen uns wach. Wenn wir an einer Blume riechen oder auf einem Baumstamm balancieren (Gleichgewicht!), fühlen wir uns lebendig. Ständig stürzen viele Sinnesempfindungen gleichzeitig auf uns ein. Welche Empfindungen einen starken und welche keinen Eindruck auf uns machen, hängt oft von Erfahrungen und Erlebnissen ab, die wir bereits gemacht haben, von Stimmungen oder Motivationen, ja sogar von unseren Genen. Im Laufe der Kindheit lernen wir, Empfindungen zu filtern. Einige elektrische Impulse werden im Gehirn verstärkt **(Bahnung)**, andere sogar abgeschaltet oder unterdrückt **(Hemmung)**. Das bedeutet, dass einige Empfindungen und Informationen in die bewusste Wahrnehmung überführt werden, andere nicht. Diese Arbeit des Gehirns wird **Sensorische Integration** genannt und spielt in der Entwicklung von Kindern eine entscheidende Rolle:

„Das Spielen in der Kindheit fördert die Sensorische Integration, da das Kind die Empfindungen seines Körpers und der Schwerkraft mit Wahrnehmungen seitens der Augen und Ohren verbindet“ (Ayres 2002, 8f.).

Genau diese Verbindung von Körperempfindungen und Schwerkraft mit den optischen und akustischen Wahrnehmungen können wir im vorschulischen Musikunterricht fördern.

Die sieben Sinne

Jean Ayres unterschied bei der Empfindungsfähigkeit des Menschen sieben Sinne, die sie wiederum in **Basissinne** (Nahsinne) und **Fernsinne** einteilte.

Fernsinne

Die Sinneswahrnehmung, die durch die Fernsinne ausgelöst wird, entsteht durch einen Reiz, der von außen kommt, z. B. einen Ton, ein Bild, einen Geruch oder Geschmack. Zu den Fernsinnen gehören:

- Hören
- Sehen
- Riechen
- Schmecken

Basissinne

Basissinne sind diejenigen Sinne, deren Empfindungen unmittelbar am Körper hervorgerufen werden. Sie nannte sie auch „Nahsinne", zu ihnen zählen:

- der vestibuläre Sinn – das Gleichgewichtssystem
- der taktile Sinn – das System der Hautempfindungen
- der propriozeptive Sinn – die Eigen- bzw. Tiefenwahrnehmung (Druck und Zug)

Das Foto des Babys auf S. 9 zeigt eine optimale Stimulation aller Nahsinne beim Spielen im Sand:

- das **Gleichgewichtssystem** meldet dem Gehirn die Schräglage des Körpers,
- der Sand stimuliert die **Hautempfindungen**,
- die **Tiefenwahrnehmung** setzt in dem Moment ein, da das Kind mit leichtem Ruck auf den Boden der Kuhle gerutscht ist.

Ein Kind braucht zu seiner Entwicklung und zu seinem Überleben vor allem die Empfindungserfahrungen der Basissinne. Es möchte berührt werden; es macht seine Erfahrungen mit der Schwerkraft, wenn es getragen wird, wenn es sein Köpfchen hebt; es hat Muskel- und Gelenkempfindungen durch die Art, wie es gehalten wird und wie die Eltern mit ihm spielen oder seinen Körper durch sanften Druck und Zug bewegen. Jean Ayres nennt das „die Freude, bewegt zu werden":

Engelchen, Engelchen flie - - - - - g!

Zentrale Annahmen der Sensorischen Integrationstheorie heute:

- Das **zentrale Nervensystem ist formbar** und entwickelt sich in Interaktion mit der Umgebung und den Erfahrungen, die mit ihr gemacht wurden.
- Erfahrungen und Erkenntnisse des Kindes fließen ebenso in den Integrations- und Entwicklungsprozess ein wie die gerade erlebten sensorischen Eindrücke: *„Subsysteme werden entwickelt und mit Steuerungsprozessen verbunden" (Borchardt 2005, 36).*
  Diese beschreibt man mit **bottom up** und **top down**:
  – **bottom-up-Prozess:** Die gegenwärtigen Sinnesempfindungen werden wahrgenommen, selektiert, analysiert und ergänzt, um dann dem Vorwissen und der Motivation angepasst zu werden.

  - **top-down-Prozess:** Das Vorwissen und die Motivation führen zu einer Analyse und Selektion der gegenwärtigen Situation und damit zu einer Beeinflussung der Wahrnehmung.
- **Lernen:** Erfahrungen finden in Handlungskonzepten ihren Ausdruck und werden auch so erinnert. Das Gehirn besitzt einen sensorischen Speicher.
- Das **zentrale Nervensystem benötigt sensorische und motorische Aktivitäten** (selbsteingeleitete Aktionen) des Kindes zur sensorischen Integration und Entwicklung von Handlungskonzepten.
- In der Auseinandersetzung mit der Umwelt sind **Anpassungsleistungen** erforderlich. Sensomotorische, kognitive, biochemische und aufgabenbezogene Subsysteme steuern das Verhalten (vgl. Bundy 2007, 29).
- **Motivation** spielt eine entscheidende Rolle bei der Anpassung an die Anforderungen der Umwelt. Der Erfolg einer Anpassungsleistung (die Chicken Eggs wurden erfolgreich aneinandergeschlagen, das löste angenehme Empfindungen beim Kind aus und gleichermaßen Begeisterung bei der Bezugsperson) bewirkt, dass Handlungsschemata weiterhin angewandt werden.

Praxisbeispiel 1: Der Lernprozess „Auge-Hand-Koordination"

Einem 9 Monate alten Kleinkind werden zwei **Chicken Eggs** gegeben. Der Rassellaut, der durch das Schütteln und Aneinanderschlagen entsteht, ist Reiz und Motivation. Gleichzeitig erhält das Kind Informationen über die Tiefenwahrnehmung und den taktilen Sinn: Das Ei ist glatt und schwer. Das Gehirn vergleicht die neuen Sinneswahrnehmungen (bottom up) mit den gespeicherten Informationen über schwere Gegenstände und das Aneinanderschlagen von Gegenständen (top down), wenn vorhanden. Das Kind entwickelt ein Handlungskonzept, wie es die Eier am geschicktesten aneinanderschlägt. Dieses Handlungskonzept wird gespeichert.

Entwicklung der sensorischen Integration beim Kind

Bei der kindlichen Entwicklung handelt es sich um einen individuellen Anpassungsprozess, der auf vielen unterschiedlichen Faktoren beruht: Neben dem Alter und der sensomotorischen Komponente spielen ebenso psychologische, kognitive und genetische Faktoren eine Rolle im Integrationsprozess.

Von der Geburt bis zum 6. Monat

- **Mutter-Kind-Bindung** entsteht über die Berührung, den akustischen und visuellen Kontakt.
- Gleichgewicht und Tiefenwahrnehmung sind für den **Muskeltonus** und das **Schwerkraftempfinden** verantwortlich, das Kind hebt die Hand, den Kopf und es dreht sich.
- Die Stimme der Mutter, das Hören, erzeugt **Aufmerksamkeit.**

Zwischen dem 6. und 18. Monat

- Alle Basissinne generieren in ihrem Zusammenwirken ein **Körperschema**, das wie eine Landkarte des Körpers gespeichert ist. Das Kind erlangt die Fähigkeit zur **Koordination beider Körperhälften**. Die motorische **Bewegungsplanung** hat begonnen. Das Kind beginnt zu krabbeln und lernt das Laufen.
- Das Sehen und Hören hilft dem Kind bei der **Einschätzung von Entfernungen**.

Zwischen dem 18. und 36. Monat

- Das Gleichgewichtssystem und das Hören sind maßgeblich an der Entwicklung des **Sprechvermögens** beteiligt.
- Die **Auge-Hand-Koordination** entwickelt sich durch die Verknüpfung des visuellen Systems mit den Basissinnen.

Zwischen 3 und 7 Jahren

Die Vernetzungen aller Sinnessysteme werden immer komplexer. Dadurch wird die **Feinmotorik**, **Bewegungsplanung** und **Koordination** der Kinder verbessert, und es kommt zu **längeren Aufmerksamkeitsspannen**. Sie lernen, ihr **Verhalten zu regulieren** und **Regeln einzuhalten**. Die Kinder üben Selbsteinschätzung, Selbstkontrolle und stärken ihr Selbstvertrauen.

Sobald die vorangegangenen Integrationsprozesse überwiegend vollzogen sind, hat das Kind die besten Voraussetzungen zur Schulreife. Sind diese Prozesse nicht erfolgt, bevor das Kind in die Schule kommt, weil es zu Verarbeitungsstörungen gekommen ist, können diese

„die weitere individuelle Entwicklung eines Kindes nachhaltig stören. Verhaltensstörungen im motorischen (Ungeschicklichkeit) und kognitiven Leistungsverhalten und in den zwischenmenschlichen Beziehungen sind die Folge. Fortdauernde Auseinandersetzungen und unangemessene Leistungserwartungen an das Kind führen zu Hilflosigkeit und emotionalem Stress bei allen Beteiligten. Lernbereitschaft, Lernfähigkeit und die sensorische Integrationsfähigkeit des zentralen Nervensystems sind dann deutlich herabgesetzt“ (Borchardt 2005, 37).

Musiklerntheorie (Edwin E. Gordon)

„Durch Musik erlangt ein Kind Einsicht in sein Selbst, in andere und in das Leben an sich. Das vielleicht Wichtigste ist, dass es seine Fantasie besser zu entwickeln und erhalten vermag. Ohne Musik wäre das Leben trostlos. Es vergeht kein Tag, ohne dass ein Kind Musik hört oder an Musik teilhat, deshalb ist es zu seinem Vorteil, dass es Musik so genau wie möglich versteht“ (Gordon 2005, VIII, Übersetzung der Autorin).

Edwin E. Gordon befasste sich in 20-jähriger Forschungstätigkeit mit der Frage, nach welchen Bedingungen und Methoden Kinder musikalische Fähigkeiten erwerben und wie sich musikalisches Talent entwickelt. Daraus entstand seine **Music Learning Theory**, deren zentraler Begriff die **Audiation** ist.

Audiation: Den Hörsinn schulen

Das musikalische Talent, das ein Kind während des Musikunterrichts entwickelt, ist eng verbunden mit der Art und Weise des Hörens. Gordon prägte hierfür den Begriff **Audiation**.

Er sagt: *„Audiation ist für die Musik, was der Gedanke für die Sprache ist“ (Gordon 2005, VIII).*

Hierbei geht es darum, Musik zu hören und gleichzeitig etwas über den Charakter und die Machart des gehörten Musikstückes zu verstehen. Was wird mit welchen Mitteln musikalisch ausgedrückt? Sie umfasst auch die Fähigkeit, wahrzunehmen, ob ein Stück in Dur, Moll oder einer Kirchentonart steht, ob es in einem Dreiviertel-, Vierviertel-, Fünfviertel- oder Siebenachteltakt steht. Das heißt nicht, dass die Tonart genau benannt werden kann, eher, dass die Veränderung erkannt, erfühlt und unterschieden werden kann.

Ein Kind, das gelernt hat, unterscheidend zu hören (zu auditieren), erkennt man daran, dass:

- das Kind in der Lage ist, ein Musikstück alleine richtig nachzusingen,
- es sein Gegenüber bei tonalen und rhythmischen Wechseln auf einmal erstaunt anblickt.

Im Alter von sechs Monaten ist ein Baby in der Lage, einen Unterschied zwischen Dur und Moll wahrzunehmen. **Je größer die musikalische Unterscheidungsfähigkeit eines Menschen ist, desto mehr „auditiert“ er, und desto größer ist sein musikalisches Talent**. Zur Förderung der Audiation schlägt Gordon Echospiele vor, das Anhören unterschiedlicher Klanglichkeiten und Rhythmen oder verschiedener Musikarten aus verschiedenen Kulturen, die Bewegung zur Musik und das Erforschen verschiedener altersgerechter Instrumente. Gordon weist darauf hin, dass das Singen eines der zentralsten Mittel des Musiklernens darstellt. Anhand der Fähigkeit des Singens kann das Stadium des musikalischen Lernens erkannt werden.

Die 3 Phasen des musikalischen Lernens

Um diese musikalische Unterscheidungsfähigkeit zu fördern und vorzubereiten, hat Gordon ein **Lern- und Lehrmodell** entwickelt, das er **Preparatory Audiation** nennt und das drei Lernphasen beschreibt (vgl. Gordon 2005, 37 ff.):

1. Phase: Akkulturation von Geburt bis zum 2. Lebensjahr
Der **erste Kontakt mit musikalischer Kultur** umfasst das Alter von null bis zwei Jahren, es kann aber je nach Kind bis zu vier Jahren andauern. Das Kleinkind saugt Musik wie ein Schwamm auf. Gordon unterteilt diesen Abschnitt in drei Phasen: das „Absorbieren“, das „zufällige Antworten“ und das „absichtsvolle Antworten“.

2. Phase: Imitation zwischen 2 und 4 Jahren
Imitation bedeutet die **echohafte Nachahmung des Gehörten**. Dazu braucht das Kind seine ganze Konzentration. Die ersten Versuche der Imitation fallen dann oft zeitverzögert aus. Zu Hause singt es einzelne Liedfetzen. Im Unterricht werden die Schlusstöne oder besonders betonte Laute mitgesungen.

3. Phase: Assimilation zwischen 3 und 6 Jahren
Die Kinder vergleichen ihre Beiträge und verbessern so eigene Fehler. Dadurch wird ihr Singen immer sicherer. Die **Selbstbeobachtung** und **Koordination** des eigenen musikalischen Ausdrucks stehen im Mittelpunkt.

Gordon weist immer wieder darauf hin, dass das musikalische Alter eines Menschen nicht mit dem biologischen Alter übereinstimmen muss: Während einer Schwierigkeiten hat, ein Lied vollständig nachzusingen, spielt der Nächste es auf seinem Instrument und der Dritte komponiert daraus eine eigene Sinfonie. Allen ist gemein, dass sie immer wieder neue Musik, neue Klänge und Rhythmen aufnehmen, sich also immer wieder in der Phase der Akkulturation befinden. Wie sie sie jedoch verarbeiten und damit umgehen, hängt von dem jeweiligen musikalischen Audiationsstadium ab, das erreicht wurde.

Die Vernetzung der Sinne beim Musiklernen

Freies Spiel mit Schlägeln, alles wird abgeklopft

Um das Singen (und Sprechen) zu lernen, ist neben guter Audiation (Hörvermögen) auch eine umfassende Bewegungsplanung der Kinder wichtig: Der Mund muss sich bewegen, um Wörter zu formen, der Kehlkopf, um Töne zu erzeugen. Körperspannung (Tiefenspannung) ist wichtig, um beim Singen, Musizieren und beim Tanzen einen individuellen Ausdruck zu finden. Das Gleichgewichtssystem spielt eine besondere Rolle beim Sprechenlernen.

Begreift man das Singen eines Liedes als neues Handlungsschema, braucht das Kind also zu der Grundfähigkeit des Auditierens auch Bewegungen und Eigenwahrnehmungen, die es selbst finden muss. Man nennt das **eine selbsteingeleitete Bewegung des Kindes**. Laut Bundy (vgl. 2007, 250) ist die Eigenaktivität wesentlich für den Lernschritt.

Auch beim Instrumentalspiel spielt die selbsteingeleitete Bewegung eine große Rolle im Lernprozess. Für die Kleinkinder steht hier ihre Entdeckerfreude im Mittelpunkt, der beim freien Spiel mit Materialien und den Instrumenten Raum gegeben werden kann (s. auch S. 20). Die Förderung der Bewegungsplanung beim Kind ist daher beim Musizieren sehr wichtig.

Praxisbeispiel 2: Beziehungsförderung durch taktile Stimulation

Sich von einem anderen Menschen in einer Decke schaukeln zu lassen, ohne dass man selbst darauf motorischen Einfluss nehmen kann, ist ein großer Vertrauensbeweis für die Erwachsenen. Etwa 2/3 der Kinder einer Gruppe lassen sich auf das Spiel „Wir schaukeln heute die Engelein" ein. Aber wie erreicht man es, dass sich möglichst alle Kinder schaukeln lassen? Die nachfolgende Spielanleitung verdeutlicht, wie wichtig die Einbeziehung der sensorischen Integration im Musikunterricht ist.

Wir schaukeln heute die Engelein

Nr. 42

Text und Musik: Kristina Hansen

Hier werden viele Sinne gleichzeitig angesprochen: Hören (Gesang), Sehen (viele Personen halten die Decke), Tastsinn (Decke), Gleichgewicht und Tiefenwahrnehmung (Schwingen in der Decke).

Alter: ab 3 Monaten
Tonart: D-Dur
Taktart: 3/8-Takt
Material: 1 reißfeste Decke

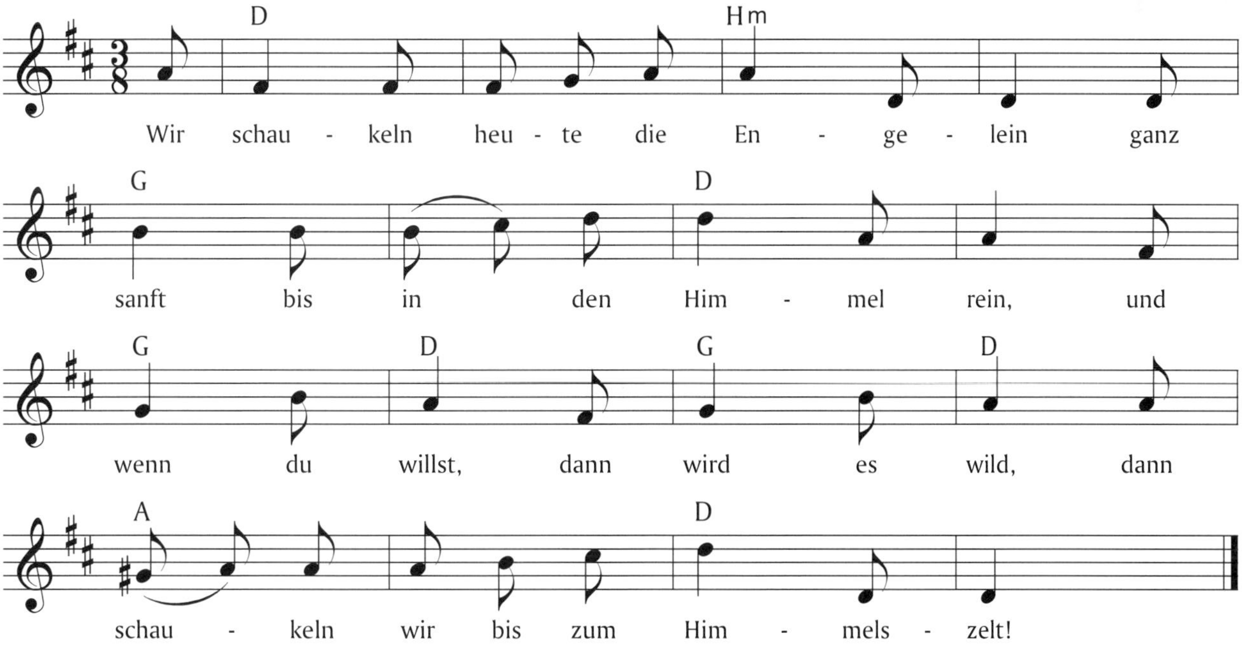

Anregung für Eltern-Kind-Gruppe

Die Kinder werden dazu eingeladen, sich einzeln in die Decke zu legen.

- Alle fassen mit an und schaukeln das Kind. Dabei sollten die Kinder nur am Kopf- oder Fußende der Decke anfassen, damit sie nicht versehentlich umgeworfen werden.
- Das geschaukelte Kind bestimmt, ob es lieber sanft oder wild geschaukelt werden möchte.

Protokoll einer Versuchsreihe. Die folgenden Versuche dokumentieren die Bemühungen, den Kindern die Scheu vor der Decke und der „Engelsschaukel" zu nehmen. Es handelt sich hierbei um Aktionen, die in Eltern-Kind-Gruppen durchgeführt wurden.

Versuch 1: Die Decke kennenlernen. Um die Scheu vor der Decke zu verlieren, durften die Kinder vorab mit ihr spielen. Dazu wurde die Decke zu einem Teich umfunktioniert. Die Eltern und auch einige Kinder sangen „Alle meine Entchen", während sie dem Liedtext entsprechende Schwimm- und Tauchbewegungen auf der Decke machten. Das alleine veränderte die Schaukelbereitschaft aber noch nicht.

Versuch 2: Spielmaterial in der Decke schaukeln. Die Kinder legten verschiedene Gegenstände (z. B. Kastanien, selbstgefaltete Schiffe oder Tennisbälle) in die Decke und ließen sie zur Musik schaukeln, hüpfen und fliegen.

Die Bälle werden geschaukelt

Das wilde Schaukelspiel machte den Kindern und auch den Eltern großen Spaß, dennoch trauten sich danach immer noch nicht mehr Kinder in die Engelsschaukel.

Versuch 3: Taktile Stimulation. Zunächst wurden Igelbälle verteilt, die im freien Spiel erkundet werden konnten. Danach massierte sich jeder selbst: Die Bälle wurden mit den Händen am eigenen Körper und mit den Füßen auf dem Fußboden gerollt. Viele massierten sich danach gegenseitig. Dabei fand ein intensiver Kontakt zwischen Eltern und Kindern statt.

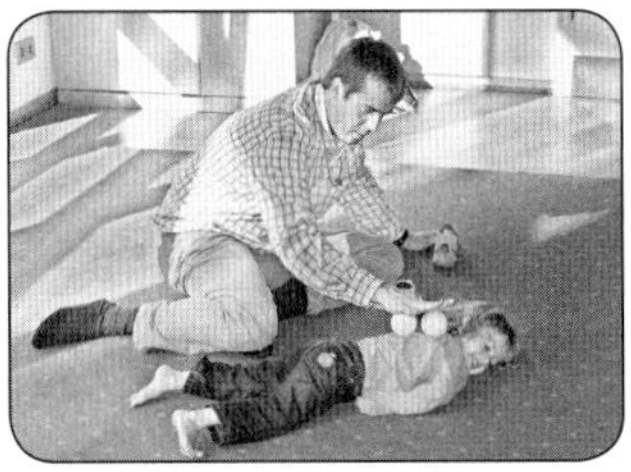

Papa massiert

Ergebnis der Ballmassage: Viele Kinder, die sich vorher geweigert hatten, sich in die Decke zu legen und schaukeln zu lassen, machten auf einmal mit Freude mit. Einige Kinder hatten sogar so viel Spaß beim Schaukeln, dass sie sich trauten, die Schaukelbewegung durch eigenes Hin- und Herrollen in der Decke noch zu verstärken. Die passive Stimulation (geschaukelt werden) wurde also in eine aktive Stimulation (das Schaukeln verstärken) umgewandelt.

Analyse: Das Spielen mit der Decke in Versuch 1 stellte eher eine psychologische Herangehensweise dar. Die Kinder konnten so die Decke besser kennenlernen und mehr Sicherheit und Mut gewinnen, um sich auf das Spiel einzulassen. Auch der 2. Versuch – das Schaukeln der Gegenstände – sollte den Kindern die Scheu vor der Decke und der Gruppe nehmen, was nicht gelang.
Erst die Kombination mit der Ballmassage in Versuch 3 veränderte die Schaukelbereitschaft und

Die Engelsschaukel

auch das Schaukelverhalten der Kinder. Die zusätzliche taktile Information, die sich aus der Massage mit den Igelbällen ergab, vertiefte den Kontakt der Massierenden zueinander und ließ die meisten Kinder ihre Hemmschwelle abbauen, sodass sie sich auf die sensorische Fremdstimulation (Engelsschaukel) einlassen konnten. **Die Ballmassage hatte die Bereitschaft zum Schaukeln vorbereitet.**

Begründung: Die taktile und akustisch-optische Stimulation wirkte beziehungsfördernd.

Fazit: Wie lernen Kinder?

Da die Impulse, die ein Sinneseindruck auslöst, nicht nur im Verarbeitungszentrum dieses einen Sinnes wirken, sondern auch auf andere Sinneszentren, kann die Entwicklung eines Handlungsschemas durch die gezielte Stimulation beteiligter Sinne gefördert werden. Singen und Sprechen als Endprodukt musikalischen Lernens und sensorischer Integration werden durch sensomotorische, kognitive und psychologische Lernprozesse integrativ erlernt.

Folgende Faktoren beeinflussen den Lernprozess:

- **Kinder müssen motiviert sein zu lernen**, das heißt, sie müssen Spaß an dem haben, was sie tun. Im Normalfall folgen sie einem inneren Antrieb.
- **Kinder haben an dem Spaß, was ihre Sinne anregt.** Das kann für einen Zweijährigen das Hüpfen sein, für einen Vierjährigen eher das Üben der Feinmotorik. Deshalb müssen musikalische Spiele die altersspezifischen, sensomotorischen Lernschwerpunkte berücksichtigen, denn Kinder haben instinktiv an dem Spaß, was sie in ihrer sensorischen Entwicklung fördert.
- Die Kinder bringen eigene sensorische und kognitive Erfahrungen sowie eine genetische und psychische Disposition mit. Im **Spiel/Lernprozess vergleicht das Gehirn die alten mit den neuen Erfahrungen** und prüft, ob sie übereinstimmen (Integration). Ist dies nicht der Fall, werden ggf. neue Handlungsschemata entwickelt.
- **Kinder lernen mit allen Sinnen.** Ist die Entwicklung eines oder mehrerer Sinnessysteme blockiert, gestört oder verzögert, kommt es zu Lernstörungen. Die Anregung verschiedener Sinneswahrnehmungen kann Lernstörungen entgegengewirken. In solchen Fällen sollte immer ein Fachmann konsultiert werden.
- **Je mehr Sinne zu einem Lernbereich angesprochen werden, desto leichter lernt ein Kind.** Das Gehirn speichert die Informationen an mehreren Orten. Dadurch ist das Gelernte leichter abrufbar.

Durch gemeinsames Singen, Spielen und Bewegen zur Musik sammeln Kinder sensorische und musikalische Erfahrungen, die ihre Empfindungsfähigkeit stärken und **sensorische Integration** und **musikalisches Lernen** ermöglichen. Musik bewegt den Menschen auf vielen Ebenen. Das macht den sensorisch-integrativen Ansatz im Musikunterricht besonders sinnvoll. Darüber hinaus wird die Lernfähigkeit gefördert und die Voraussetzung und Grundlage für kreatives (musikalisches) Ausdrucksvermögen geschaffen.

Musikalische Frühförderung gestalten

Räumlichkeiten, Ausstattung, Atmosphäre

Teppich aufrollen: Die Kinder sind sehr stolz auf ihre Arbeit

Um Kindern den Spaß an der Musik und dem Singen zu ermöglichen, müssen auch die Rahmenbedingungen auf ihre Bedürfnisse und die des Musikunterrichts abgestimmt sein. Neben den Räumlichkeiten und der Ausstattung spielt dabei vor allem auch die Atmosphäre in der Gruppe eine wesentliche Rolle.

Die **Raumgröße** sollte 60 m² bis 80 m² nicht überschreiten, damit sich die Kinder in dem Raum wohlfühlen können. In zu großen Räumen wie Turnhallen oder Aulas fühlen sich Kinder schnell verloren, sodass die Spielleitung dann massive Schwierigkeiten bekommt, die Kinder zusammenzuhalten. Bewegungsräume in den Kindergärten lassen sich oftmals schnell umfunktionieren.

Die **Ausstattung des Raumes** sollte eher spartanisch ausfallen, d. h. im Raum stehen keine überflüssigen Gegenstände, die bei Bewegungen stören könnten. Im Idealfall stehen ein Klavier und andere Instrumente wie Gitarre oder eine Flöte zur Verfügung, damit sich Kinder mit verschiedenen Klanglichkeiten vertraut machen können.

Auf jeden Fall sollte **ein ausrollbarer Teppich** (5 m × 6 m) vorhanden sein, auf dem sich alle zu

Beginn und am Ende der Stunde treffen können. Er vermittelt Geborgenheit und ist nicht so rutschig wie z. B. PVC-Boden.

Schön ist es auch, wenn es **Haken an der Decke** gibt, an denen eine Hängematte befestigt werden kann, auf der die Kinder hin- und hergeschaukelt werden können.

Die Unterrichtsmaterialien und Musikinstrumente sollten in **Schränken** untergebracht sein. Wichtig ist, dass nicht alles sofort für die Kinder verfügbar ist, damit sie sich auf einzelne Materialien konzentrieren können und der Überraschungseffekt beim Herausholen der Gegenstände größer ist. Folgendes sollte vorhanden sein:

- Decken,
- Schaumstoff-, Igel-, Gummibälle,
- Reifen, Seile, Sandsäckchen,
- 1 Kiste mit Federn, 1 mit Tüchern
- 1 Schwungtuch,
- 1 Hängematte und

Instrumente wie

- Handtrommeln, Bongos,
- Glöckchen, Rasseln, Schellenkränze,
- Klanghölzer,
- Klangstäbe, Xylophone und Schlägel,
- Klangfrösche, Kinderkastagnetten,
- Regenmacher, Cabasa, Kuhglocken, Rührtrommel,
- Triangeln, Zimbeln und
- 1 Gong.

Eine **entspannte Atmosphäre und Bewegungsfreiheit** hilft den Kindern, sich wohlzufühlen und ihre Kreativität auszuleben. Das sind wesentliche Voraussetzungen, um Kindern den Spaß an der Musik und am Musizieren nahe zu bringen. **Ein Kleinkind beginnt erst dann zu singen, wenn es sich wohl fühlt.**

Zu einer freundlichen Atmosphäre gehört auch eine freundliche **Begrüßung** der Kinder:

- Jedes Kind wird von Anfang an mit seinem Namen angeredet.
- Die Begrüßung findet immer auf Augenhöhe statt! Bei Bedarf sollte der Erwachsene in die Hocke gehen, um mit den Kindern von Angesicht zu Angesicht reden zu können.
- Jedes Kind freut sich über ein Lob, z. B. zur Kleidung oder zu einem Gegenstand, den es mitgebracht hat. So fühlt es sich wahrgenommen und spürt die emotionale Anteilnahme des Erwachsenen.

Um eine lernförderliche Umgebung zu schaffen, ist zudem eine gelungene Mischung zwischen einerseits einer **vorgegebenen Struktur**, die dem Kind einen Rahmen und Sicherheit gibt, und andererseits dem **persönlichen Freiraum** des Kindes wesentlich. Struktur entsteht u. a. über den Stundenablauf, der wiedererkennbare Momente enthält, z. B. ein immer gleich bleibendes Anfangs- und Schlusslied. Freiraum hingegen entsteht durch die Art des Spiels. Es ist die Arbeit des Kindes. Hier sucht es sich die sinnlichen Erfahrungen, die es für seine Entwicklung braucht, und lernt, diese zu integrieren. Indikator für eine gelungene sinnliche Erfahrung ist der Spaß, den das Kind hat.

Dabei kann der vom Kind selbst geleitete und initiierte Impuls, der sogenannte **innere Antrieb**, gar nicht ernst genug genommen werden. Die inneren Signale eines Kindes bewegen es dazu, sich immer weiterzuentwickeln. Das Bedürfnis nach Gleichgewichtserfahrungen treibt es z. B. an, balancieren zu lernen. Lernen bzw. die Neuordnung innerer Regelkreise im Gehirn findet hauptsächlich über solche selbstständig eingeleiteten Bewegungen und Impulse statt.

Praxisbeispiel 3: Atmosphäre der Kreativität schaffen

Die Kinder erhalten Klangstäbe und Schlägel und dürfen diese ausprobieren. In der Praxis zeigt sich häufig, dass sich Eltern viel zu früh in das Spiel der Kinder einschalten, um z. B. die Handhaltung der Kinder zu korrigieren. Daher ist es wichtig, die Eltern zu bremsen und die Kinder dazu zu ermutigen, eigene Erfahrungen mit den Schlägeln zu machen. Das führt dazu, dass Kinder auch schon einmal mit der „falschen" Schlägelseite schlagen oder den Klangstab umdrehen, den Stab vom Klangkörper lösen und hineinschauen und mit dem Schlägel im Klangkörper herumrühren. Auf fantasievolle Weise entdecken sie klangliche Möglichkeiten des Musikmachens.

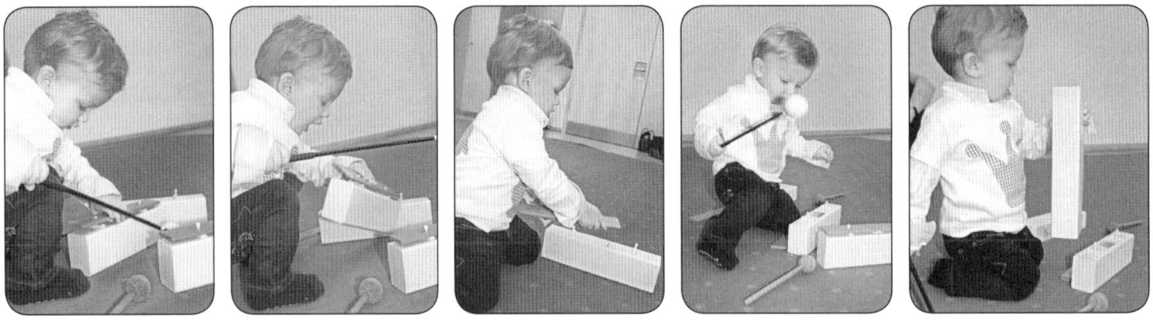

Erforschen der Klangstäbe: Ist da etwas drin'?

Fazit: Nimmt man den Kindern die Möglichkeit, frei zu experimentieren, dann hat das häufig eine Verweigerungshaltung zur Folge: Die Kinder stehen dann demonstrativ auf und beschäftigen sich mit den Gardinen. Vertraut man hingegen auf den inneren Antrieb der Kinder, beschäftigen sich Zweijährige minutenlang damit, die unterschiedlichen Klänge auszuprobieren.

Wenn motorische Probleme beim Anfassen des Schlägels auftreten, sollte der Erwachsene nur nach reiflicher Beobachtung und, wenn das Kind es zulässt, eingreifen, um die Eigeninitiative des Kindes nicht zu stark zu bremsen: Die Hand des Kindes kann durch die Hand des Erwachsenen mit sanftem pulsierendem Druck um den Schlägel geschlossen werden, um das Gefühl beim Erfassen des Schlägels zu verstärken. Meist wird das Kind dann den Schlägel erst einmal fallen lassen, um ihn dann in einer selbst initiierten Bewegung erfolgreich aufzunehmen.

Hören will gelernt sein

Es gibt viele Arten des Hörens: Zuhören, Weghören, In-sich-hinein-Hören, analytisches Hören, selektives Hören. Für die Musik brauche ich Ohren, die nicht nur das Geräusch wahrnehmen, sondern zahlreiche weitere Unterscheidungen machen können: Rhythmus, Takt, Klang, Melodieführung, Instrumente, Stimmung, Charakter und Gestus eines Musikstückes. Kinder müssen erst die Vielfalt der Möglichkeiten kennenlernen, bevor sie sie unterscheiden und dann selbst ausdrücken können.

Tonalitäten

Gordon fordert, dass Kinder im musikalischen Unterricht von Anfang an unterschiedliche Tonalitäten und Klänge kennenlernen, um ihre musikalische Unterscheidungsfähigkeit zu schulen.

Im Unterschied zum Begriff Tonart meint Tonalität dabei mehr als nur eine bestimmte Dur-oder Moll-Tonart. Tonalität bezeichnet ein Klangsystem, in dem sich ein Musikstück bewegt. Der Klangcharakter einer Tonalität entsteht aufgrund der Ganz- oder Halbtonschritte einer Tonleiter. In den unterschiedlichen Kulturen, zu verschiedenen Zeiten haben die Menschen mit Klangsystemen experimentiert. Die Pentatonik mag für uns fremd klingen, ist aber in anderen Kulturen sehr verbreitet. Vor Hunderten von Jahren wurde nicht in Dur und Moll komponiert, sondern kirchentonal, was sich heute immer noch in vielen Volksliedern spiegelt. Die nachfolgenden Tonalitäten bieten gute Möglichkeiten, Kinder an verschiedene Klangsysteme heranzuführen.

- **Dur**

Viele Kinderlieder sind in Dur verfasst. Es hat den Ruf, fröhlich zu sein. Charakteristisch für eine Dur-Tonleiter sind die große Terz und die große Sexte.
Beispiel: Große Uhren (s. S. 88)

- **Moll**

Wenige Kinderlieder sind in Moll verfasst. Es hat den Ruf, traurig zu sein. Charakteristisch für eine Moll-Tonleiter ist die kleine Terz. Man unterscheidet zwischen **harmonisch Moll** (große Septime) und **melodisch Moll** (große Sexte und Septime, wenn die Melodie aufwärts geht, und die kleine Sexte und Septime, wenn die Melodie abwärts geht).

- **Pentatonik**

Pentatonik heißt *Fünftönigkeit*. Es handelt sich jeweils um den ersten, zweiten, vierten, fünften und sechsten Ton einer Dur-Tonleiter. Pentatonik ist für das Musizieren mit kleinen Kindern deshalb interessant, da jeder Ton der pentatonischen Tonleiter harmonisch mit den anderen zusammenklingt. Traditionell sind viele Kinderlieder in Pentatonik gehalten. Besonders die alten Sankt Martin- und Laterne-Lieder bestehen häufig aus dem typischen großen Sekundschritt und der kleinen, fallenden Terz.

- **Kirchentonarten**

Die Tastatur eines Klaviers hilft, diese komplexen Tonalitäten zu verstehen. Werden **ausschließlich die weißen Tasten** genutzt, ergeben sich zwischen C1 und H1 sieben unterschiedliche Tonleitern (jeweils sieben Töne nach oben gehend) mit verschiedensten Tonschritten (s. S. 22).

Auf **C** beginnend erhalte ich eine **Dur**-Tonleiter.
Auf **D** beginnend erhalte ich eine **dorische** Tonleiter.
Auf **E** beginnend erhalte ich eine **phrygische** Tonleiter.
Auf **F** beginnend erhalte ich eine **lydische** Tonleiter.
Auf **G** beginnend erhalte ich eine **mixolydische** Tonleiter.
Auf **A** beginnend erhalte ich eine **äolische** Tonleiter. Sie ist der Molltonleiter am ähnlichsten.
Auf **H** beginnend erhalte ich eine **lokrische** Tonleiter. Diese Tonalität wird eher selten gebraucht.

- **Atonal (frei und für Kinder schwer zugänglich)**

Atonal bedeutet, dass kein Ton zentral und damit wichtiger ist als der andere. In C-Dur ist C der zentrale Ton. In einem atonalen Stück sind alle Töne gleichberechtigt. Atonale Klanglichkeiten sind für Kleinkinder wenig geeignet; sie interessieren sich in der Regel wenig dafür und wenden ihre Aufmerksamkeit ab.

KLAVIERTASTATUR

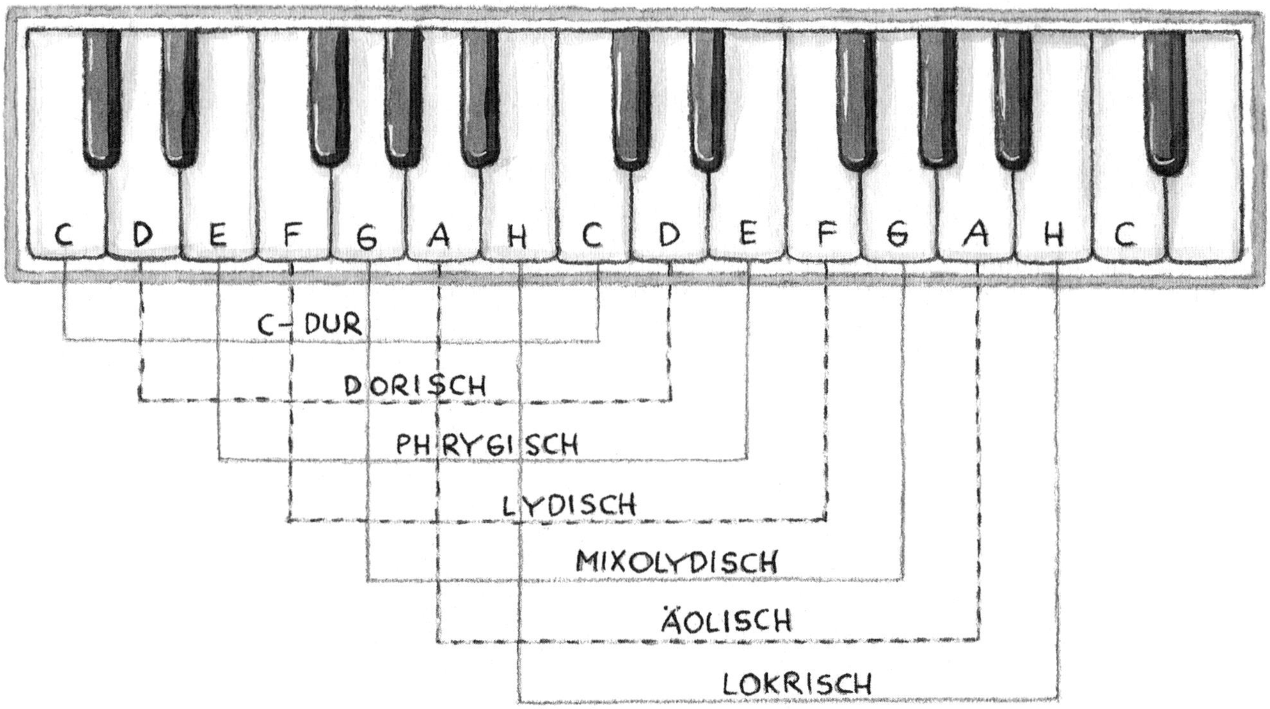

Echospiele

Um auf die Tonalität oder den Rhythmus eines Liedes, das mit den Kindern erarbeitet werden soll, vorzubereiten, wird ein Echospiel gespielt. Das sind einige Takte, die die charakteristische Melodik oder den Rhythmus des Liedes aufgreifen. Im Folgenden werden am Beispiel von „Alle meine Entchen" ein melodisches Echospiel und ein rhythmisches Echospiel dargestellt.

Melodisches Echo: „Alle meine Entchen"

Text und Musik: überliefert

Dieses Beispiel ist geeignet für Kinder der Lernphasen Akkulturation und Imitation. Das Hören und Nachsingen kleinster musikalischer Einheiten ist durch das Fortschreiten in **Sekundintervallen** *(Eintonschritten) gekennzeichnet. Es gibt keine* **akkordischen Brechungen** *(Sprünge von einem Ton der Tonleiter über mehrere Töne hinweg zum nächsten) innerhalb einer Einheit.*

Beispiel: Die Melodie des Liedes „Alle meine Entchen" schreitet in Sekundintervallen voran. Im Zentrum des melodischen Echospiels steht ausschließlich die Melodie, der Rhythmus wird im Echo gleichförmig gestaltet.

Alter: ab 9 Monaten
Tonart: C-Dur
Taktart: 4/4-Takt

Anregung

Die Kinder versammeln sich in einem engen Kreis um die Spielleitung:

- Ein Takt wird den Kindern auf die Silbe „*bam*" vorgesungen; sie hat einen prägnanten Anfang und fördert die Resonanzen der Stimme durch das „*m*".

- Die Kinder werden aufgefordert, diesem Takt in die Stille hinein nachzuhören, indem sie z. B. den Finger auf den Mund legen – am besten so lange, wie das Vorgesungene angedauert hat.
- Auf das Handzeichen der Spielleitung hin wird der Takt nachgesungen: Für die Krippenkinder singt die Spielleitung den Takt einfach selber nach. In Eltern-Kind-Gruppen übernehmen die Eltern das Echo.
- Ein neuer Takt wird vorgesungen.

Hinweis

Kleinkinder in der Lernphase der Akkulturation singen die Echos zwar nicht nach, experimentieren aber gerne mit Silben wie „*bam*" und bilden eigene Wiederholungsformen. Erst 3-Jährige in der Lernphase der Assimilation können die Rhythmen und Melodien korrekt wiedergeben.

Rhythmisches Echo: „Alle meine Entchen"

Text und Musik: überliefert

Hier wird das Hauptaugenmerk auf den Rhythmus eines Liedes gelegt, das mit den Kindern gesungen werden soll, z. B. „Alle meine Entchen".

Alter: ab 9 Monaten
Taktart: 4/4-Takt
Material: evtl. Handpuppe

Anregung

Die Kinder kommen in einer Gruppe zusammen. Die Spielleitung gibt den Grundschlag vor, die Kinder singen das Echo nach:

- Die Gruppe findet gemeinsam einen Grundschlag. Der Grundschlag ist meist der Nenner aus der Taktangabe. Im 4/4-Takt ist der Grundschlag z. B. eine Viertel. Im 3/8-Takt besteht der Grundschlag hingegen aus Achteln.
- Die Spielleitung spricht einen Takt des Rhythmus auf „*Ba*" vor.
- Die Gruppe spricht den Rhythmus nach.

Hinweis

In rhythmischen Echos werden **keine Pausen zwischen Vortrag der Spielleitung und Echo** eingelegt, damit der rhythmische Fluss nicht verloren geht. In Gruppen mit Kindern, die sich in der Lernphase der Akkulturation oder Imitation befinden, unterstützt die Spielleitung zudem die Echos der Kinder, wenn keine Eltern anwesend sind.

Im Laufe des Unterrichts sollten die Kinder mit möglichst vielen unterschiedlichen Rhythmen vertraut gemacht werden. Es gibt die unterschiedlichsten Takte: 4/4-Takte, 3/4-Takte, 6/8-Takte, 2/4-Takte oder sogar 5/4- oder 7/4-Takte. Im Praxisteil des Buches finden sich Lieder für all diese Taktarten. Der Rhythmus der meisten ausgewählten Lieder eignet sich gut für ein Echospiel.

Die Echos sind zunächst eintaktig, wobei die erste Hälfte des Taktes im Idealfall rhythmisch etwas komplexer gestaltet wird, z. B. eine Punktierung oder Sechzehntel enthält (wodurch der Rhythmus abwechslungsreich und lebendig wird), wohingegen die zweite Takthälfte aus dem Grundschlag besteht.

Um, wie es Gordon fordert, die Unterscheidungsfähigkeit der Kinder zu schulen, sollten die Höreinheiten – je älter die Kinder werden – auch komplexer werden. In der Lernphase der Assimilation werden aus eintaktigen Einheiten dann zweitaktige. Der erste Takt besteht aus einem Grundschlag, die zweite Takthälfte wird rhythmisch angereichert.

Variante ab 18 Monaten

Die Handpuppe: Jetzt wird es spannend ...

In den **Krippenkursen, die ohne Eltern arbeiten**, können für die Echospiele auch **Handpuppen** benutzt werden. Besonders gut eignen sich Fingerpuppen, die sich fließend bewegen lassen. Die Spielleitung übernimmt den Part des Echos. Zusätzlich spielt sie mit der Puppe, die während des Echospiels um eine verschlossene kleine Kiste tanzt, in der sich etwas befindet, das im Anschluss von den Kindern benutzt wird, z. B. Klanghölzer, Glöckchen oder Tücher. So wird eine spannungsgeladene Atmosphäre erzeugt, die die Kinder aufmerksam zuhören lässt.

Wortetrommeln

Das Wortetrommeln ist ein rhythmisches Echospiel. Das gleichzeitige rhythmische Sprechen und Trommeln bekannter Worte macht den Kindern viel Spaß.

Alter: ab 18 Monaten
Instrumente: Trommel und zwei Schlägel pro Teilnehmer

Anregung

Die Gruppe sitzt mit den Trommeln auf den Knien im Kreis.

Die Spielleitung stellt eine Frage aus der Alltags- und Erlebniswelt der Kinder:

- *„Was gehört alles zu Weihnachten?“*
- *„Wie heißt du?“*
- *„Was befindet sich im Wald?“*
- *„Welche Tiere kennt ihr?“*

Beispiel: Die Spielleitung fragt die Kinder: *„Welche Tiere kennt ihr?“* Antwort: *„Löwe.“*

Die Anzahl der Silben eines Wortes gibt die Taktart an: Zwei Silben im Wort *„Lö–we“* erzeugen also einen 2/4-Takt. Die Spielleitung trommelt den Takt und spricht dazu das Wort wiederholt vor: *„Lö–we“, „Lö–we“, „Lö–we“* … und lädt die Kinder ein, mitzumachen.

Dann wird nach dem nächsten Tier gefragt. Ein Wort mit drei Silben erzeugt einen 3/4-Takt; vier Silben erzeugen einen 4/4-Takt usw.

Tiernamen trommeln: Löwe, Löwe, Löwe …

Apfel, Birne, Schokolade

Text und Musik: Kristina Hansen

Gerade im Repertoire der ganz Kleinen finden sich viele Einwortsätze, die mit Essen zu tun haben. Deshalb eignen sich Worte aus dem Nahrungsbereich besonders gut als Einstieg in das Wortetrommeln.

Alter: ab 1 Jahr
Instrumente: 1 Trommel und 2 Schlägel pro Kind

Anregung

Jedes Kind erhält eine Trommel und zwei Schlägel. Die Trommeln liegen auf den Oberschenkeln.

Die Spielleitung fragt die Kinder, was sie gerne essen: *„Apfel, Birne, Erbsen, Spaghetti, Pizza, Eis, Brokkoli, Schokolade, Joghurt, Gummibärchen.“*

1. Schritt: Zunächst werden die **Worte** herausgesucht, die eine **gerade Silbenanzahl** haben.

Zwei Silben:

- *Apfel*
- *Birne*
- *Erbsen*
- *Pizza*
- *Joghurt*

Das Wort wird von der Spielleitung zweimal rhythmisch gesprochen und getrommelt und im Anschluss von der Gruppe wiederholt. Bevor zur nächsten Worteinheit gewechselt wird (Vorschläge kommen idealerweise von den Kindern!), sollte die erste Worteinheit viele Male auf der Trommel wiederholt werden!

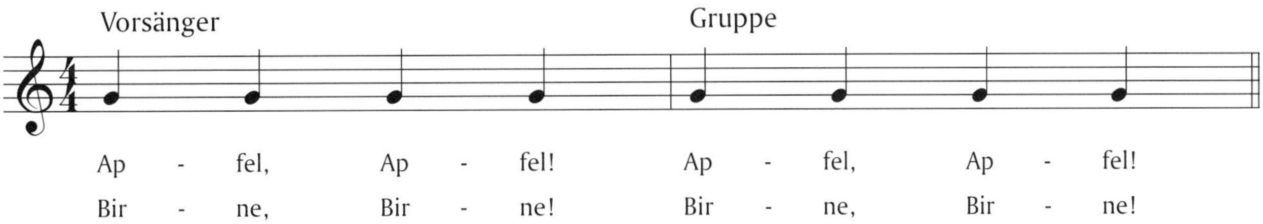

Vier Silben:

- *Schokolade*
- *Gummibärchen*
- *Erdbeertorte*

Auch diese Worte werden im Rhythmus gesprochen und getrommelt. Vier Silben eignen sich zudem zur Temposteigerung. Die Kinder trommeln statt Viertel- dann Achtelnoten.

2. Schritt: Danach werden die **Worte** mit **ungerader Silbenanzahl** gesucht.

Drei Silben:

- *Brokkoli*
- *Spaghetti*
- *Erdbeere*
- *Blaubeereis*

„*Brokkoli*" und „*Spaghetti*" haben beide drei Silben. Bei „*Brokkoli*" wird die erste Silbe, bei „*Spaghetti*" die zweite Silbe betont. Das Wort „*Brokkoli*" beginnt auf der Eins des Taktes, „*Spaghetti*" auftaktig mit der Drei des vorherigen Taktes.

Volle Konzentration auf das rhythmische Spiel

Fünf Silben:
- *Stracciatellaeis*
- *Johannisbeere*
- *Geburtstagstorte*

Sieben Silben:
- *Schokoladenweihnachtsmann*
- *Fruchtgummibärchentüte*

Wenn die Kinder alle Silben gleichlang sprechen, sind sie mit dem „*Schokoladenweihnachtsmann*" spielerisch bei einem $^7/_8$-Takt angekommen.

Achtung

Pausen und Silbenverlängerungen machen aus ungeraden Silbenzahlen und Takten gerade Takte. Dies sollte auf jeden Fall verhindert werden!

Wortsalat-Rap

Text und Musik: Kristina Hansen

Die Kinder erzeugen einen Wortsalat aus verschiedenen Wörtern und lernen so den spielerischen Umgang mit Sprache und Rhythmus. Am Beispiel „Brombeere" wird deutlich, dass der Rhythmus nicht nur durch die Anzahl der Silben entsteht. Kinder in der Lernphase der Assimilation können so unter Anleitung einen Rap entwerfen, indem sie beliebige Wörter zu einem Thema (hier ist es Essen) rhythmisch aneinanderreihen.

Alter: ab 5 Jahren

Anregung

Die Gruppe setzt sich gemeinsam an einen Tisch:

- Alle sammeln Wörter zu einem Thema, die von der Spielleitung notiert werden.
- Die Gruppe einigt sich auf eine Taktart. Sie sollte sich im Verlauf des Rap nicht mehr ändern. Die eingängigste Taktart ist der $^4/_4$-Takt.
- Die Wörter werden auf lustige Art aneinandergereiht.
- Die Wortsilben müssen so gekürzt werden (aus Viertelnoten können z. B. Achtelnoten gemacht werden) oder verlängert werden (aus Viertelnoten können z. B. halbe Noten gemacht werden), dass die Taktart nicht verlassen wird. Das Notenbeispiel „Brombeere" illustriert das Kürzen und Verlängern.

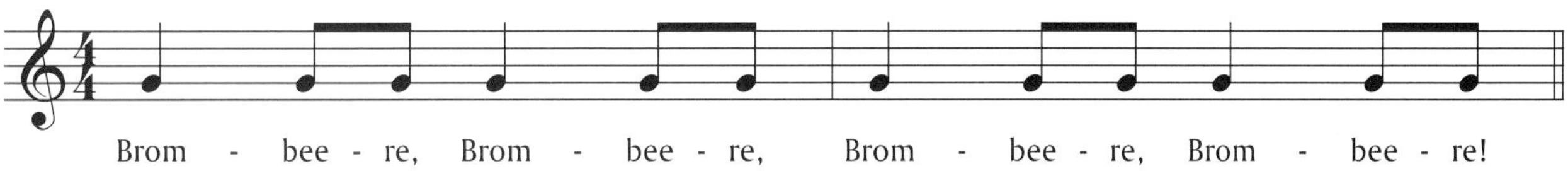

Mama hält den Gong und das Kind spielt und horcht

Die Gruppe übt einen Rap ein. Dazu wird sie in zwei Teile eingeteilt: die Rapper und das Publikum. Das Publikum kann in die Vorführung mit einbezogen werden, indem es den Rap taktweise wie ein Echo wiederholt.

Hör-Spiele

Zwischen Hören und Hinhören besteht ein großer Unterschied. Menschen können Musik hören, ohne zu wissen, was sie gerade hören. Manche Geräusche dringen sogar überhaupt nicht in das Bewusstsein vor, wie z. B. das Rauschen der Autos an einer großen Straße, während man im Zimmer mit etwas beschäftigt ist. Spiele trainieren das bewusste Hinhören.

Die Stille hören

Das Schönste an der Musik sind ja bekanntlich die Pausen. Manchmal kann eine bewusst herbeigeführte Stille die Aufmerksamkeit wecken und wieder neugierig auf das Instrument machen, mit dem der Klang erzeugt wurde.

Alter: ab 9 Monaten
Instrumente: zwei Glöckchen oder Klanghölzer pro Kind

Jedes Kind erhält ein Instrument. Die Spielleitung startet eine „kleine Rakete" durch lautes Trommeln mit den Glöckchen auf dem Boden. Alle trommeln mit. Die Stimmen setzen ein und singen von ganz tief unten bis in beliebige Höhe: „*Uh*". Dabei werden die Hände zur „Rakete" nach oben geführt. Oben angekommen, herrscht Stille.

Rakete mit Glöckchen: Die Stille macht aufmerksam

Der Gong

Der Gong ist eine wunderbare Möglichkeit, die physische Hörfähigkeit eines Kindes zu testen.

Alter: ab 2 Jahren
Instrument: Gong und Schlägel

Anregung

Die Kinder sitzen im Kreis. Die Spielleitung hält in den Händen einen Gong von mindestens 40 cm Durchmesser und einen Schlägel und geht damit von Kind zu Kind.

- Jedes Kind darf einen Ton anschlagen.
- Es wird aufgefordert, den klingenden Gong mit der flachen Hand anzuhalten: „*Kitzelt oder kribbelt die Hand durch die Vibrationen?*"

- *„Ist der Ton vollständig weg?"* Der Gong wird an das Ohr des Kindes gehalten. Der Gong klingt in unmittelbarer Nähe zum Ohr noch lange nach.
- *„Wie lange hört das Kind den Ton?"* Die Antwort des Kindes wird von der Spielleitung kontrolliert, indem sie ebenfalls auf den Gong horcht. Stellt sie dabei fest, dass das Kind den leise nachschwingenden Gong nicht hört, sollten die Eltern informiert werden, da dies auf eine Hörschwäche hinweisen kann.

In Eltern-Kind-Gruppen übernimmt jeweils ein Elternteil den Part der Spielleitung.

Hinweis

Dieses Spiel bietet auch eine fantastische Möglichkeit, die Rechts- oder Linkspräferenz der Kinder herauszufinden: Mit welcher Hand ergreift es den Schlägel intuitiv? Festgelegt ist diese Präferenz allerdings erst mit fünf Jahren.

Hörmemory

In den Kindergärten sind Hörmemorys meist vorhanden. Wenn nicht, lassen sie sie einfach von den Kindern selbst herstellen.

Alter: ab 3 Jahren
Material: Filmdöschen oder Ü-Eier, verschiedene Füllmaterialien (Erbsen, Reis, Papierstreifen, Steinchen oder Zucker)

Anregung

1. Die Kinder versammeln sich um einen Tisch. Sie befüllen jeweils zwei Behältnisse mit demselben Material. Bei Bedarf hilft ihnen die Spielleitung beim Verschließen der Behältnisse.
2. Der Ratespaß kann beginnen. Beim ersten Mal sollte das Spiel auf zwei bis drei Geräuschpaare begrenzt werden, um die Kinder nicht zu überfordern; später kann die Anzahl dann gesteigert werden. Die Behälter werden in einer Schale gesammelt und durchmischt. Die Kinder suchen die Geräuschpaare und überprüfen die Richtigkeit ihrer Vermutung, indem sie die Behälter öffnen.

Singen mit Kindern leicht gemacht

Das Singen mit Kindern erfordert einige Vorüberlegungen, die sich sowohl auf die Singstimme der Spielleitung als auch auf die der Kinder beziehen.

Die Singstimme der Spielleitung

Das eigene Singen ist wichtig für den Musikunterricht. Die Spielleitung gibt die Tonhöhe an. Generell gilt: Orientierungspunkt ist immer die Stimmlage der Kinder und nicht die eigene Tonhöhe. Wer von Natur aus eine tiefe Stimme hat, empfindet dies oft als problematisch.

Der Trick für höheres Singen mit Kindern

Die Gruppe beginnt in einer Tonlage, die allen angenehm ist. Wenn das Lied allen bekannt ist, kann die Tonhöhe des Liedes von Strophe zu Strophe erhöht werden. Die Spielleitung kann bis zu dem Punkt mitsingen, der für sie angenehm ist, dann singen die Kinder in ihrer natürlichen Tonlage alleine weiter. Dadurch wird vermieden, dass sich die eigene Spannung beim hohen Singen auf die Kinder überträgt und die Kinder angestrengt und verkrampft singen (Beispiel: Lied Nr. 1 *„Sind alle da"* auf der CD).

Einsingen im Schnelldurchlauf

Oft bleibt vor dem Unterricht nicht mehr viel Zeit, sich intensiv einzusingen, dann helfen folgende Tipps:

- Den Körper dehnen.
- Die Gesichtsmuskulatur kneten, gähnen, mit der Nase schnuppern.
- Summlaute *(„Mmh, sum, num, mom")* erzeugen, die in einer Quinte von oben nach unten gesungen werden.
- Die Hand in den Nacken legen: Fliegende *„Uuhs (Gespenstersingen)"* helfen der Stimme, wach zu werden.
- Ein oder zwei der Lieder, die mit den Kindern gesungen werden sollen, mit der Buchstabenfolge *„www"* durchsingen: Der ganze Körper ist beteiligt und die Stimme wird nicht so schnell heiser.
- Den Text des Liedes einmal laut und einmal leise sprechen und dabei verschiedene Klangfarben benutzen; denn das Variieren der Stimme verhindert Ermüdungserscheinungen.
- Der Körper sollte nicht müde sein, wenn mit den Kindern gesungen wird, da das doppelt anstrengend für die Stimme ist: **Je wacher und präsenter der Körper ist, desto leichter singt es sich!**

Bei Unsicherheit sind einige Stunden Stimmbildung oder Gesangsunterricht sinnvoll, um den richtigen Körpereinsatz beim Singen und Sprechen zu erlernen.

Melodie- und Textsicherheit

Lieder und Sprechtexte sollten immer auswendig gelernt werden! Es ermöglicht:

- das freie Agieren beim Singen.
- die Beobachtung der Kinder beim Singen.
- mehr Spielfreude, die sich auch auf die Gruppe überträgt.
- leichteres und unangestrengteres Singen.

Stimmbildung mit Kindern

Das Klangspektrum singender Kleinkinder hat eine ganz eigene hauchige Färbung. Das hat folgende Gründe:

- Der Kehlkopf, der Ort der Stimmbildung, hat noch nicht seine volle Größe erreicht, deshalb singen sie sehr hoch, etwa in der Lage einer hohen Frauenstimme.
- Durch die Stimmritze im Kehlkopf strömt häufig „wilde" Luft, die die Kinder noch nicht zu bündeln verstehen. Die Bündelung der Atemluft bewirkt die Ausnutzung aller Resonanzräume. Kleinkinder sind dazu meist noch nicht in der Lage. Das gibt den Stimmen einen luftigen, hauchigen Klang.
- Die Kinderstimme hat noch nicht dieselbe Kraft wie die eines erwachsenen Sängers, da neurologische Entwicklungsprozesse noch in vollem Gange sind. Die emotionalen, muskulären und vokalisierenden Operationsmechanismen verzahnen sich erst im Laufe der Kindheit.

In welcher Lage singen Kinder am besten?

Der häufigste Fehler, der im Musikunterricht gemacht wird, ist das zu tiefe Singen mit Kindern. Die **beste Singlage** bei Kleinkindern liegt zwischen **f1 und d2.** Je älter die Kinder werden, desto höher kommen sie: d1 ist der tiefste Ton, den Kinder im Alter von 1,5 bis ca. 6 Jahren singen können. Lieder sollte daher immer zwischen d1 und f2 angestimmt werden, denn sobald Kinder ein Lied in zu tiefer Lage nachsingen, landen sie automatisch in ihrer eigenen Bruststimme. Das bedeutet, dass sie einen Stimmmuskelbereich nutzen, der für die Lautstärke und Tiefe zuständig ist. Singen die Kinder ausschließlich in diesem Bereich, dann verlieren ihre Stimmen an Flexibilität und sie können die Höhe nicht mehr erreichen. Die Folge sind laute, schreiende Stimmen, denen es an Klangfarben fehlt. Schlimmstenfalls kann dies sogar zu Stimmerkrankungen (Stimmknötchen und Heiserkeit) führen. Das Singen in der kindgerechten Tonlage bewirkt dagegen fast automatisch die Nutzung der Kopfstimme.

Das Arbeiten mit Stimmgabeln oder einem Klangstab erleichtert das hohe Singen. Auch durch das Anschlagen des Anfangstons auf einem Instrument oder indem das Lied auf einer Gitarre oder einem Klavier begleitet wird, fällt es leichter, die hohen Töne zu treffen.

Kinder, die in einer kindgerechten Tonlage singen, fühlen sich in der Regel sehr wohl in ihrer Haut und sind ganz eins mit sich und ihrer Umgebung. Die richtige Atmung beim Singen kann dies noch unterstützen.

Atmung

Die Kinder nutzen beim Singen in der Regel die natürliche Bauchatmung. Sie ist erkennbar durch das Heben und Senken der Rippen und Bauchdecke beim Atmen. Am besten lässt sich dies bei den Kindern im Liegen überprüfen. Hebt sich der Bauch und weiten sich die Rippen oder bleibt der Bauch flach?

Hilfestellung: Das Kind legt die Hand auf den Bauch. Es wird ermutigt, einen imaginären Luftballon mit einem längeren „Puster" aufzublasen. Durch den Einatemreflex weitet sich der Bauch dann automatisch.
Wichtig: Kinder sollen im Zuge der Übung nicht zum Nachdenken über ihre eigene Atmung angeregt werden! Dafür sind sie noch zu klein, sodass die Atmung ganz durcheinandergeraten würde.

Der Frosch

Text und Musik: engl. Überl. (Bearb. Kristina Hansen)

Ein Kleinkind von 2 bis 4 Jahren konzentriert sich ganz auf das Singen und Sprechen. Oft vergisst es vor lauter Konzentration und Faszination das Mitsingen. Ein echter Eisbrecher ist das Froschlied, das an ein englisches Volkslied angelehnt ist.

Alter: ab 2 Jahren
Tonart: G-Dur
Taktart: 4/4-Takt
Insrumente: evtl. Klangfrösche

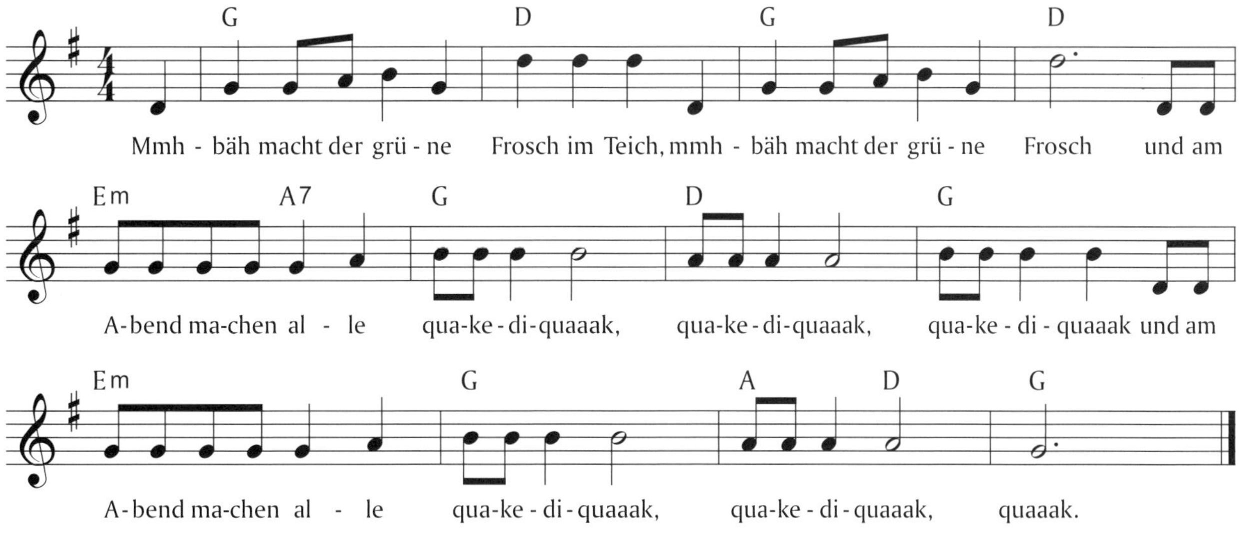

Anregung

1. Schritt: Die Kinder sitzen im Kreis. Die Spielleitung fragt die Kinder: *„Wie macht ein Frosch?“* Das Quaken eines Frosches wird geübt.

Die Spielleitung erzählt: *„Ich kenne eine Froschfamilie, die macht zwar auch manchmal ‚Quaaak‘, aber ganz häufig auch ‚Mmh-bäh‘. Könnt Ihr das auch?“* Alle üben das Herausstrecken der Zunge.

Die Spielleitung singt den Anfang des Liedes und übt ihn mit den Kindern: ***„Ach, übrigens!** Warum streckt der Frosch denn seine Zunge heraus? Na, zum Fliegenfangen!!!“*

M-bäh!

2. Schritt: Die Spielleitung erzählt: *„Am Abend, wenn alle müde sind, versammelt sich die Froschfamilie am Teich und quakt fröhlich durcheinander!“* Alle üben den zweiten Teil des Liedes. Dazu werden beide Hände bei *„quakediquaaak“* wie ein auf- und zuschnappendes Maul bewegt.

Im Anschluss hüpfen die Kinder wie die Frösche in verschiedene Ecken des Raumes, in denen besonders viele Fliegen herumschwirren. Dort wird das Lied jeweils neu gesungen, bis alle Fliegen aufgefressen sind.

Variante

Die Kinder probieren die Klangfrösche aus und spielen darauf. Sie machen ein wunderbar schnarrendes Geräusch, wenn man mit dem Schlägel über den Rücken streicht.

Alle Kinder singen das Froschlied:

- Zum *„Mmh-bäh!“* wird die Zunge herausgestreckt.
- Zum *„quakediquaaak“* werden die Klangfrösche gespielt.

Stimmbildnerische Übungen mit Spielcharakter
Stimmbildnerische Übungen müssen bei Kindern Spielcharakter haben. Es wäre gut, wenn die Kinder dabei nicht auf dem Fussboden säßen, da die Bauchmuskulatur dabei zu sehr eingeengt wäre.

Die Dampflok

Diese Übung eignet sich besonders in Kombination mit dem Eisenbahnlied auf S. 56 (Tut, tut, tut, …).

Alter: ab 3 Jahren
Material: evtl. 1 Stuhl pro Kind

Anregung

Alle sitzen im Kreis. Ein Kind darf die kleine Dampflok sein:

- Alle singen das Dampfloksignal: Ein hohes *„U-u-uh, u-u-uh“*. Dieses ist eine stimmbildnerische Maßnahme. Es übt die Randstimmschwingung und die ruhige Atemführung.
- Die kleine Dampflok setzt sich in Gang. Alle machen *„fff“* (Pause), *„fff“* oder *„sch, sch, sch“*

(Pause), *„sch, sch, sch …"*, um das Fahren der Lok zu unterstützen. Diese Laute aktivieren die Zwerchfellaktivität der Kinder. Der Moment des Loslassens (Pause) regt das natürliche Bauchmuskelspiel, die tiefe Einatmung und das Senken des Zwerchfells an.

- Die kleine Dampflok bleibt vor einem Kind im Stuhlkreis stehen. Alle machen wieder *„U-u-uh, u-u-uh!"* , was so viel heißt wie: *„Steig ein!"* Das Kind auf dem Stuhl steht auf und hängt sich an die kleine Dampflok.
- Weiter geht's! Alle unterstützen die Lok mit *„fff, fff"* zum nächsten Kind: *„U-u-uh, u-u-uh!"* Bis alle Kinder eingesammelt sind. Dann kann das Lied *„Tut, tut, …"* gesungen werden.

Ich bin ein Bauarbeiter

Nr. 10

Text und Musik: Kristina Hansen

Hierbei handelt es sich um eine Stimmbildungsgeschichte: Zur Geschichte passende Laute animieren die Kinder zur Nachahmung und schulen so ihre Stimme.

Alter: ab 3 Jahren
Tonart: d-Moll
Taktart: 4/4-Takt

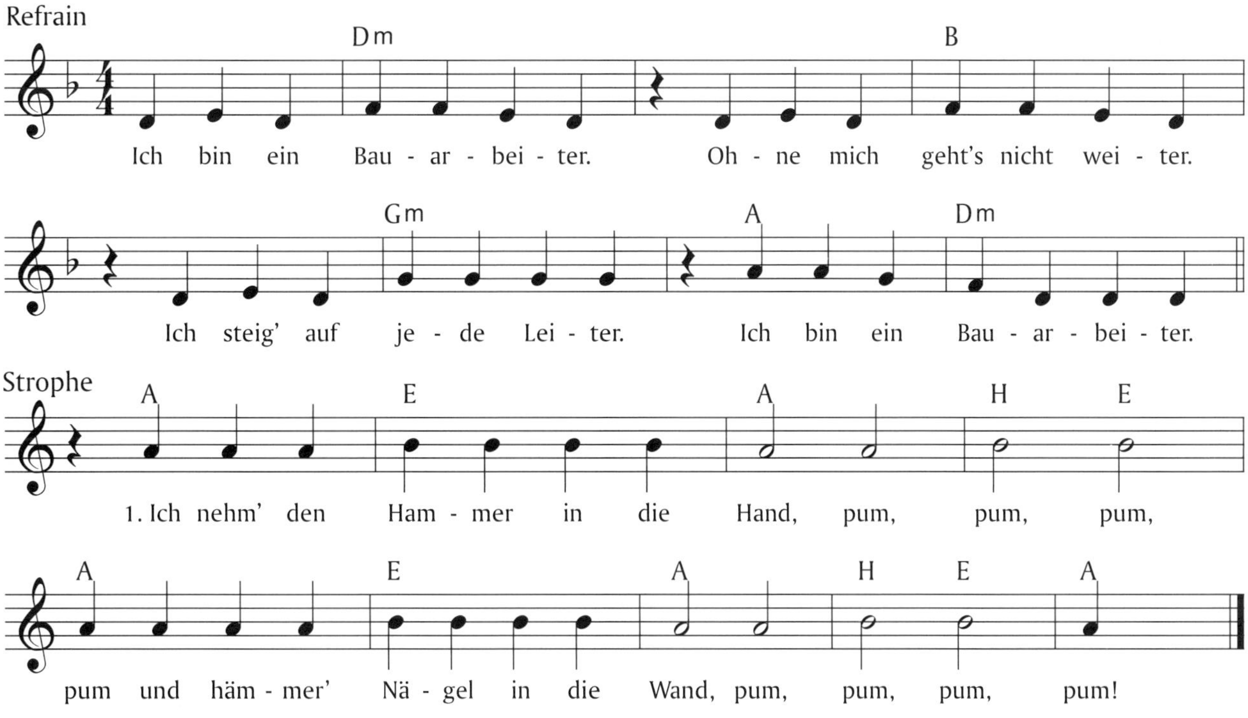

2. (Refrain)
Ich nehm' die Säge in die Hand, sss, sss, sss, sss,
und säge Bretter für die Wand, sss, sss, sss, sss.

3. (Refrain)
Ich nehm' die Zange in die Hand, zieh, zieh, zieh, zieh,
und zieh' den Nagel aus der Wand, zieh, zieh, zieh, zieh.

4. (Refrain)
Die Bohrmaschine in der Hand, brr, brr, brr, brr,
bohre ich Löcher in die Wand, brr, brr, brr, brr.

5. (Refrain)
Den Akkuschrauber in der Hand, mh, mh, mh, mh,
drehe ich Schrauben in die Wand, mh, mh, mh, mh.

6. (Refrain)
Ich nehm' den Sauger in die Hand, www, www, www, www,
und sauge alles, auch die Wand, www, www, www, www.

Anregung

Die Kinder kommen im Kreis zusammen. Die Spielleitung erzählt die Geschichte und fordert die Kinder auf, an den entsprechenden Stellen mitzumachen:

Es war einmal ein fleißiger Bauarbeiter, der hieß Max. Max war sehr schlau und traf gerne den Nagel auf den Kopf! Dazu benutzte er seinen Hammer und der Hammer machte:

Alle: „*Pum, pum, pum, pum!*"

Manchmal brauchte er seine Säge, um Bretter zu zersägen, die machte:

Alle (weiches S): „*Sss, sss, sss, sss!*"

Mit seinem Akkuschrauber schraubte Max die Bretter für sein Regal zusammen. Der Akkuschrauber summte:

Alle: „*Mh, mh, mh, mh!*"

Dann nahm er seinen Hammer, hämmerte einige Haken an das Regal, stieg auf eine Leiter und hämmerte das Regal an die Wand. Und der Hammer machte:

Alle: „*Pum, pum, pum, pum!*"

*Als Max fertig war, machte der Hammer aber immer noch **„Pumpumpumpum ...“**, obwohl seine Arbeit beendet war. „Ja, sag einmal“, brummte Max, „was soll denn das? Geht's Dir nicht gut?“ **„Pumpumpumpum ...!“**, kam die aufgeregte Antwort. Max kratzte sich am Kopf und überlegte. „Ach herje“, rief Max plötzlich, „du hast ja recht! Ja, schlafe ich denn noch? Der schwache Nagel kann ja so ein schweres Regal gar nicht halten, das muss ich bohren und schrauben. Gut aufgepasst, mein Hammer!“, lobte Max. „Komm, Zange, wach auf, jetzt bist du dran!“ Und er zog mit der Zange alle Nägel wieder aus der Wand. Und die Zange machte:*

Alle: „*Zieh, zieh, zieh, zieh!*"

Dann brauchte er seine Bohrmaschine und bohrte schöne Löcher in die Wand. Die Bohrmaschine machte:

Alle (Lippentriller): „*Brr, brr, brr, brr!*"

Er drückte die Dübel in die Wand, packte den Akkuschrauber und schraubte das Regal feste an die Wand. Und der Akkuschrauber summte:

Alle: „*Mh, mh, mh, mh!*"

Jetzt sah alles sehr schön fest und stabil aus. Die Werkzeuge klatschten begeistert Beifall. Nur Max nicht, der musste ganz schrecklich niesen und hörte gar nicht wieder auf:

Alle: „*Hatschi, hatschi ...*"

„Dieser ganze Staub vom Bohren und Sägen und Hämmern, hatschi, ich kann, hatschi, gar keine Luft mehr bekommen, hatschi!!“ Max wusste sich aber zu helfen. Er weckte den Staubsauger und saugte allen Staub und alle Späne und allen Dreck von der Wand und dem Fußboden, bis alles wieder blitzesauber war. Und der Staubsauger machte:

Alle: „*Www, www, www, www!*"

„Fertig“, sagte Max und strahlte. Und alle sangen zusammen das Bauarbeiterlied (s. auch S. 98).

Musikalische Spielideen und Förderschwerpunkte

Hu-ja, He-xen-tanz, ein Trommelspiel

Stundenaufbau
Eine Musikstunde gliedert sich in drei Phasen:

1. Stundenbeginn

- Begrüßung: Begrüßungsritual/Begrüßungslied
- Ankommen und Warmwerden: Kniereiter, Schaukellieder, Großbewegung und Tanz

2. Hauptteil

Die **musikalischen Fähigkeiten** von Kindern bilden sich durch Singen, Hören und sensomotorische Erfahrungen aus. Um sich mit einem bestimmten Rhythmus, einer bestimmten Tonalität vertraut zu machen, sollte zunächst eines der rhythmischen und eines der melodischen Echos (S. 23–25) ausgewählt werden: Das Kind hört einen Klang und versucht, ihn seinen Fähigkeiten gemäß nachzusingen. Jeder Klang ist anders. Es lernt, die verschiedenen Klänge zu unterscheiden. **Die Echospiele müssen inhaltlich mit dem Unterrichtsschwerpunkt übereinstimmen.** Es macht keinen Sinn, einen 7/8-Takt zu üben, wenn nur Lieder im 4/4-Takt gesungen werden.

Sobald die Kinder mit einem bestimmten Rhythmus oder einer bestimmten Tonalität vertraut sind, kann zum Unterrichtsschwerpunkt übergegangen werden. Die Auswahl des Schwerpunkts geschieht auf der Grundlage folgender Überlegungen:

- Welche **sensorischen Themen** beschäftigen die Kinder in ihrer derzeitigen Entwicklung?
- Welche **inhaltlichen Themen** aus dem derzeitigen Erlebens- und Erfahrungsbereich der Kinder sollen musikalisch vertieft werden?
- Welche **musikalischen Fähigkeiten** der Kinder sollen gefördert werden?

Die **sensorischen Themen** kommen durch das Zusammenspiel verschiedener sensorischer Systeme (z. B. Körperschema: Zusammenspiel aller Basissinne) zustande. Oft sind sie auch altersbedingt. Genaue Beobachtungen aller Bezugspersonen der Kinder sollten in die Auswahl mit einfließen:

- Muskeltonus und Schwerkrafterfahrung
- Beziehungsförderung und positive Berührungserfahrung
- Körperschema
- Koordination beider Körperhälften
- Bewegungsplanung
- Sprechenlernen
- Auge-Hand-Koordination und zweckgerichtete Aktivität
- Konzentrations- und Organisationsfähigkeit
- Selbsteinschätzung, Selbstkontrolle, Selbstvertrauen und Koordination

Das **inhaltliche Thema** kann aus der Jahreszeit (Eicheln, Ernte, Weihnachten, Schnee), aus dem Tierbereich (Frösche, Elefanten, Fische, Vögel), aus dem Alltag (ein Tagesablauf, Essen, Schlafen, Haus bauen) oder aus dem stammen, was die Kinder gerade bewegt (Fasching, Geburtstag, Handwerker).

Die **musikalische Auswahl** der Lieder und Spielideen erfolgt je nach Entwicklungsstand und Alter der Kinder. Dabei sollte auch die zur Verfügung stehende Zeit und der Aufwand für die Spielideen berücksichtigt werden. In der Regel werden im Hauptteil 1 bis 3 Lieder gesungen.

Für den Hauptteil sollten zwischen 20 und 25 Minuten eingeplant werden.

3. Stundenende

- Den Abschied einleiten: Ein bekanntes und gern gesungenes Lied oder musikalisches Spiel stimmt auf das Ende der Stunde ein.
- Abschiedsritual

Stundenbeginn

Der Beginn der Stunde ist in zwei Phasen gegliedert: Bei der Begrüßung wird jedes Kind namentlich willkommen geheißen. Ankommen und Warmwerden bedeutet, dass die Kinder durch Kniereiter, Schaukellieder, Tänze oder Großbewegungsspiele mit dem Raum, den Gruppenmitgliedern, der Spielleitung und dem musikalischen Geschehen vertraut werden.

Begrüßung

Die Begrüßung ist einer der wichtigsten Momente, um für die Kinder eine angenehme Atmosphäre zu schaffen. Wichtigster Aspekt: In die Hocke gehen und dem Kind auf Augenhöhe begegnen.

Hinweis

Vor der Begrüßung muss Folgendes geklärt sein:

- Haben alle Hausschuhe oder Stoppersocken an?
- Hat keiner mehr Durst?
- Essen, Trinkflaschen und Spielzeug bleiben draußen!
- Waren alle auf der Toilette?

Sind alle da?

Nr. 1

Text und Musik: Kristina Hansen

In diesem Lied wird jedes anwesende Kind einmal namentlich erwähnt und darf sich für seine Strophe eine Bewegung oder Aktion wünschen, die alle zu seiner Begrüßung mitmachen.

Alter: ab 6 Monaten
Tonart: E-Dur
Taktart: 4/4-Takt

2. Huhu, juhu, ihr lieben Leute,
klatschen will die Maria heute.
Huhu, juhu, sind alle da?
Klatschen für Maria: Na, ist doch klar!
Klatschen für Maria: Na, ist doch klar!

3. Huhu, juhu, ihr lieben Leute,
Autofahren will Leon heute.
Huhu, juhu, sind alle da?
Autofahr'n für Leon: Na, ist doch klar!
Autofahr'n für Leon: Na, ist doch klar!

4. …

Anregung

Alle sitzen im Kreis auf dem Boden. **Frage an das Kind:** *„Was möchtest Du heute zur Begrüßung machen?“* Das Kind sagt oder zeigt seine Aktion: Stampfen, Hüpfen, Verstecken, Autofahren (Anschnallen nicht vergessen!) usw.

Eltern und die Spielleitung unterstützen es dabei, indem sie beobachten, welche Bewegung dem Baby oder Kleinkind gefallen würde: Kinder, die mit den Fingern spielen, tippen gern. Andere lassen sich gern schaukeln oder haben Spaß am Winken, lassen sich gern streicheln oder strampeln die ganze Zeit mit den Füßen. Die Spielleitung wartet geduldig, bis die passende Aktivität gefunden wurde.

Ankommen und Warmwerden

Kniereiter und Schaukellieder sind wunderbare Spiele, um im Musikunterricht anzukommen. Das hängt damit zusammen, dass sie eine Fülle an sensorischen Erfahrungen bieten, besonders wenn sie mit bockigen Pferden zu tun haben, die ihre Reiter fallen lassen. Rhythmisches Wippen oder Schaukeln regt z. B. den Gleichgewichtssinn und die Tiefenwahrnehmung an. Beim Kniereiter genießen die Kinder den Körperkontakt mit ihren Eltern und fassen Vertrauen in die Gruppensituation. Im Kindergarten werden hingegen eher Schaukellieder gespielt.

Achtung

Mit Babys, die noch nicht sitzen können, sollten keine Kniereiter gespielt werden!

Bewegungsmöglichkeiten:

Tänze und Großbewegungsspiele eignen sich für den Stundenanfang. Vorteil solcher Bewegungseinheiten am Unterrichtsbeginn: Wenn sich die Kinder im Raum bewegt haben, können sie sich auf die folgende Unterrichtseinheit besser konzentrieren. Zu viel Toben macht es den Kindern allerdings schwer, sich schnell erneut zu konzentrieren.

Der Hampelreiter

Nr. 6

Text und Musik: Kristina Hansen

Kniereiter sprechen sowohl die Tiefenwahrnehmung als auch das Gleichgewicht der Kinder an. Sie spüren sich selbst durch das Wippen der Bezugsperson und balancieren sich aus, um nicht herunterzufallen.

Alter: ab 18 Monaten
Tonart: G-Dur
Taktart: 4/4-Takt

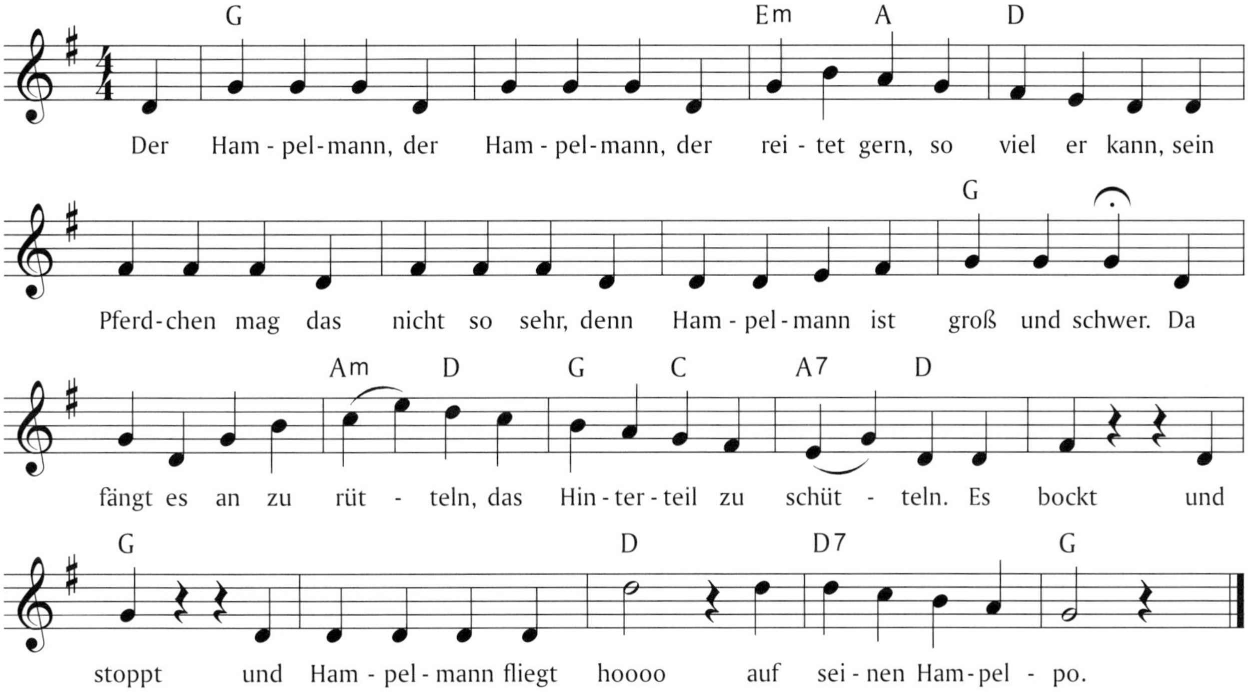

Anregung für Eltern-Kind-Gruppen

Die Kinder sitzen auf dem Schoß eines Elternteils.

Der Hampelmann, der Hampelmann,	Reiten.
der reitet gern, so viel er kann,	
sein Pferdchen mag das nicht so sehr,	
denn Hampelmann ist groß und schwer.	
Da fängt es an zu rütteln,	Die Knie abwechselnd rechts und links heben und senken.
das Hinterteil zu schütteln.	
Es bockt	Beide Knie gleichzeitig anziehen.
und stoppt	Noch mal!
und Hampelmann fliegt hoooo	Reiten und gemeinsam nach hinten umkippen!
auf seinen Hampelpo.	

Variante für Krippe und Kindergarten

Die Spielleitung legt eine Matratze in die Mitte des Raumes und setzt sich darauf. Die Kinder werden eingeladen, auf die Matratze zu krabbeln und sich hinzusetzen.

- Die Spielleitung wippt vorsichtig hin und her, während sie *„hopp, hopp"*sagt.
- Sie singt das Lied *„Der Hampelmann …"* mehrfach und fordert die Kinder auf, mitzuwippen.

Die Spielleitung achtet während des ganzen Spiels darauf, ob die Kinder sich auf die wippende Bewegung einlassen und Spaß daran haben. Sobald eines die Matratze verlassen möchte, hilft sie ihm dabei.

Hinweis

Die Matratze verstärkt die Wippbewegung, und **das Kind holt sich darüber die sensorischen Tiefen- und Gleichgewichtsinformationen, die es für seine Entwicklung braucht**. Sein Muskeltonus stellt sich optimal darauf ein.

Schlittenfahren

Nr. 39

Text und Musik: Kristina Hansen

Im Winter gibt es eine gute Alternative zum Kniereiter hoch zu Pferde – das Schlittenfahren.

Alter: ab 2 Jahren
Tonart: G-Dur
Taktart: 4/4-Takt

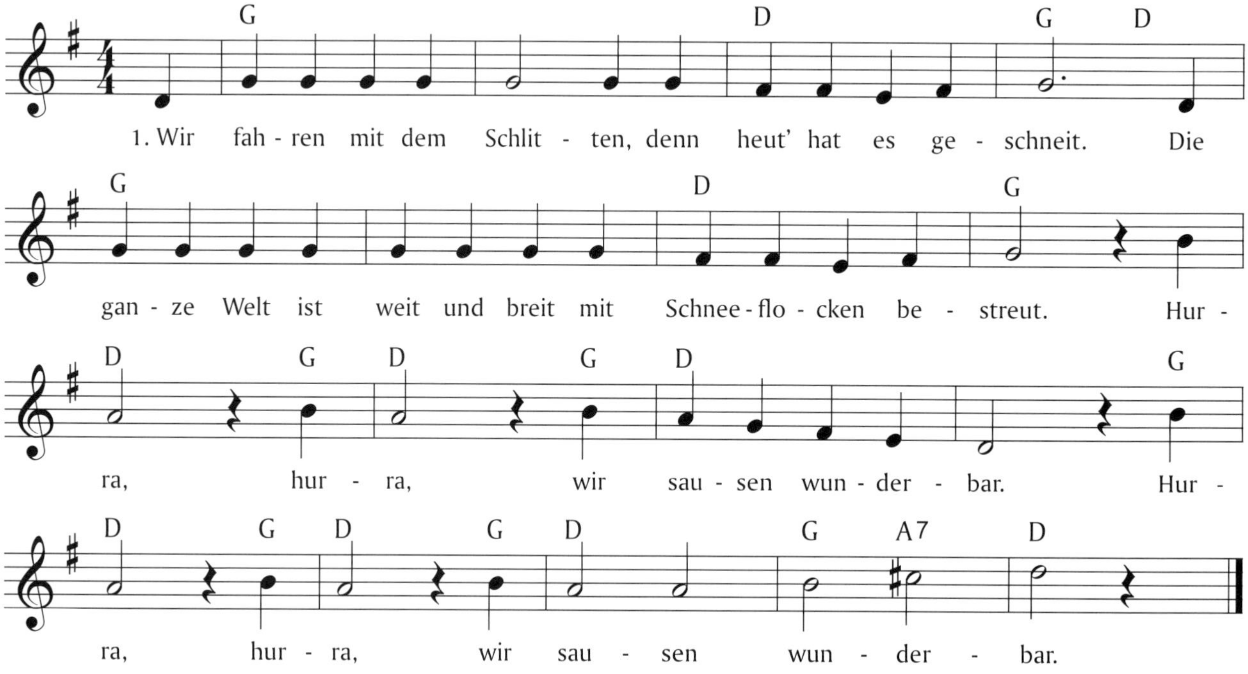

Anregung für Eltern-Kind-Gruppen

Alle Kinder sitzen auf den Knien der Eltern.

Wir fahren mit dem Schlitten, denn heut' hat es geschneit. Die ganze Welt ist weit und breit mit Schneeflocken bestreut. Hurra, hurra, wir sausen wunderbar. (2 ×)	Die Eltern wippen rhythmisch mit beiden Knien.
Oh schneebel, schniebel, schnubbel, wir fahren über'n Hubbel.	Die Knie werden abwechselnd angehoben.
Da ich vor Schnee nichts seh', fliege ich plötzlich in die Höh'!	Knie anziehen, das Kind steigt hoch.
Juchhe, juchhe, jetzt fall'n wir in den Schnee. (2 ×)	Wippen. Bei der Wiederholung Kind zwischen die Beine plumpsen lassen.

Der kleine Cowboy Jim

Nr. 14

Text und Musik: Kristina Hansen

Dieser Kniereiter handelt von einem kleinen, wilden Cowboy und seinem bockigen Pferdchen, das sich zur Freude der Kinder am Ende durchsetzt.

Alter: ab 2 Jahren
Tonart: A-Dur
Taktart: 4/4-Takt

Der kleine Cowboy Jim

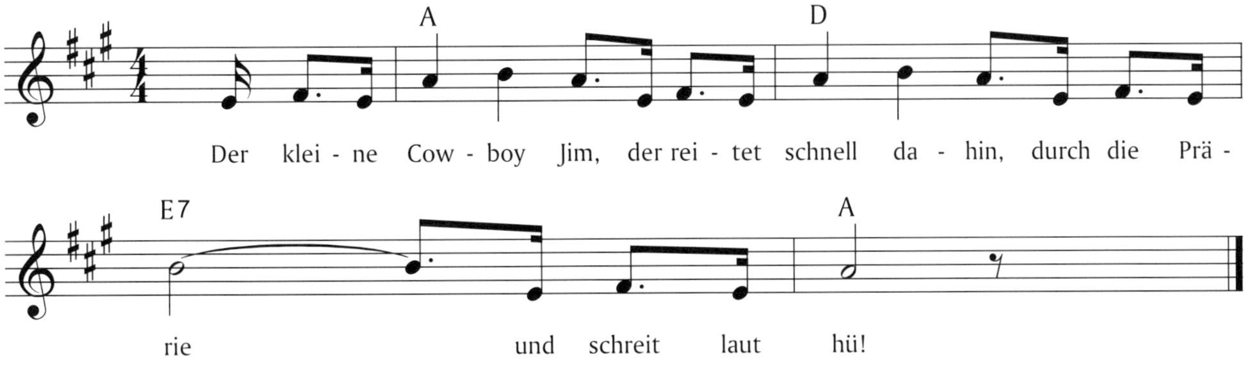

Anregung für Eltern-Kind-Gruppen

Die Kinder reiten auf den Beinen der Eltern:

1. Der kleine Cowboy Jim, der reitet schnell dahin, durch die Prärie und schreit laut hü!	Reiten auf den Beinen des Erwachsenen.
2. Wohl über Stock und Stein, ja in die Welt hinein, hipp hipp hurra, hipp hipp hurra!	Das rechte und das linke Bein abwechselnd heben.
3. Doch weil es nicht mehr will, steht Jimmys Pferd jetzt still. Schmeißt Jim, oh weh, in einen See!	Reiten. Beide Knie anziehen. Knie sacken ab, Beine öffnen sich und lassen das Kind in die Mitte hineinplumpsen.

Träume, mein liebes Kind

Nr. 43

Text und Musik: Kristina Hansen

Dies ist ***ein Schaukellied.*** *Das rhythmische Schaukeln ist eine beruhigende Bewegung, die sich auch in der Gruppe gemeinsam durchführen lässt. Die Kinder stellen sich vor, sie sind auf einem Schiff: Sie schaukeln alleine, zu zweit, zu mehreren. Es gibt ruhige Segelturns, raue Winde oder Sturm. Gute Fahrt und immer eine Handbreit Wasser unter dem Kiel!*

Alter: ab 6 Monaten
Tonart: phrygisch
Taktart: ¾-Takt

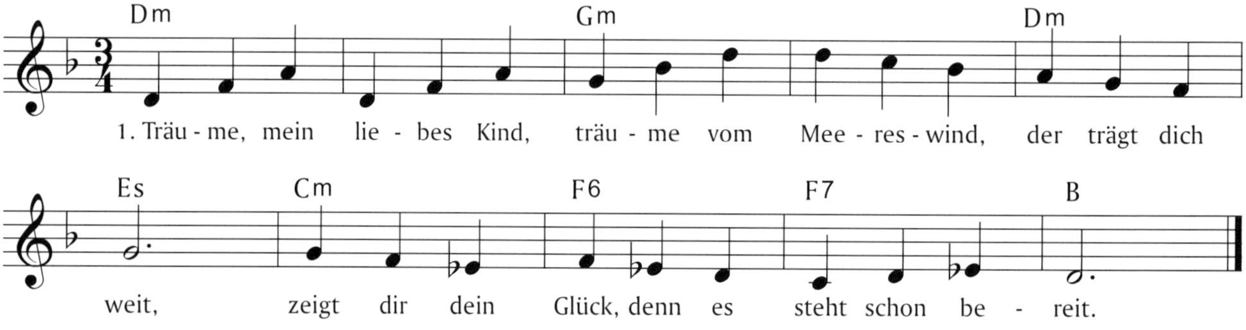

2. Sachte nimmt dich der Wind,
träume, mein liebes Kind,
ins Märchenland,
dort bist du sicherlich bestens bekannt.

3. Ritter und Feen, die
kann man dort sehen.
Wie mutig sie sind,
mutig und stark, so wie du, mein Kind.

4. Wiederholung der 1. Strophe

Anregung

Das Baby wird auf den Schoß genommen und beim Singen geschaukelt. Ein oder mehrere Kinder können alternativ auch in eine Hängematte gelegt und zur Musik hin- und hergewippt werden. Es entsteht ein prima Schiff.

Variante für Eltern-Kind-Gruppen (Tanzanleitung)

Die Eltern nehmen ihr Kind auf den Arm und stellen sich im Kreis auf:

1. Strophe:	Schaukeln.
2. Strophe:	Gehen im Walzerschritt auf der Kreislinie.
3. Strophe:	4 Takte in die Kreismitte gehen, 2 Takte fürs „*Hallo*“ sagen, 4 Takte aus dem Kreis herausgehen.
4. Strophe:	Freier Walzertanz durch den Raum.

Der Schaukeltanz

Piraten, die fürchten sich nie

Nr. 28

Text: Barbara Peters, Musik: Kristina Hansen

Dieses Schaukellied ist etwas für mutige Gesellen, die sich mit ihrem Schiff aufs offene Meer wagen. Das Meer kann sehr rau und stürmisch sein, haltet euch also gut fest! Wer entdeckt die Schatzinsel?

Alter: ab 3 Jahren
Tonart: a/c-Moll
Taktart: 6/8-Takt

2. Sie lieben den Wind in den Haaren
und Sonne und Salz auf der Haut.
Wenn sie über'n Ozean fahren,
dann grölen und johlen sie laut:

(Refrain): Piraten, die fürchten sich nie, …

3. Ihr Schiff, das hat blutrote Segel.
Der Totenkopf flattert im Mast.
Ein jeder Pirat ist ein Flegel,
er rülpst und er furzt, wann's ihm passt.

(Refrain): Piraten, die fürchten sich nie, …

4. Piraten, die lieben das Fluchen:
Verdorri, verdammi, so 'n Schiet!
Wenn dich mal Piraten besuchen,
dann fluchst du am besten laut mit!

(Refrain): Piraten, die fürchten sich nie, …

Anregung

Alle sitzen im Kreis mit angewinkelten Knien und schaukeln wie Schiffe auf dem Meer:

- Die Kinder lernen die erste Strophe durch mehrmaliges Wiederholen kleiner Abschnitte.
- Plötzlich singen alle die erste Strophe ganz leise, weil kein Wind weht. Es wird kaum noch geschaukelt.
- Es ist Sturm: Alle singen die erste Strophe ganz laut und schaukeln heftig hin und her.

Variante

Alle setzen sich mit geöffneten Beinen hintereinander und bilden ein langes Piratenschiff. Jeder hält die Füße der Hinterfrau fest. Das gemeinsame Schaukeln wird geübt. Alle singen das Lied.

Variante für Eltern-Kind-Gruppen (Gleichgewichtsübung)

Die Eltern sitzen mit ausgestreckten Beinen auf dem Boden. Die Kinder stellen sich auf die Oberschenkel der Eltern.
Wichtig: Die Eltern halten die Kinder nur an deren Oberschenkeln fest, nicht an den Hüften. Die Eltern schaukeln vorsichtig hin und her. Alle singen das Lied.

Die Piraten halten Ausschau nach der Schatzinsel

Krokoflitz

Nr. 31

Text und Musik: Kristina Hansen

Dieses Lied ist sowohl ein Kniereiter als auch ein Fangspiel. Krokodilspiele eignen sich hervorragend für Aktionen mit Großbewegungen.

Alter: ab 2 Jahren
Tonart: dorisch
Taktart: 4/8-Takt

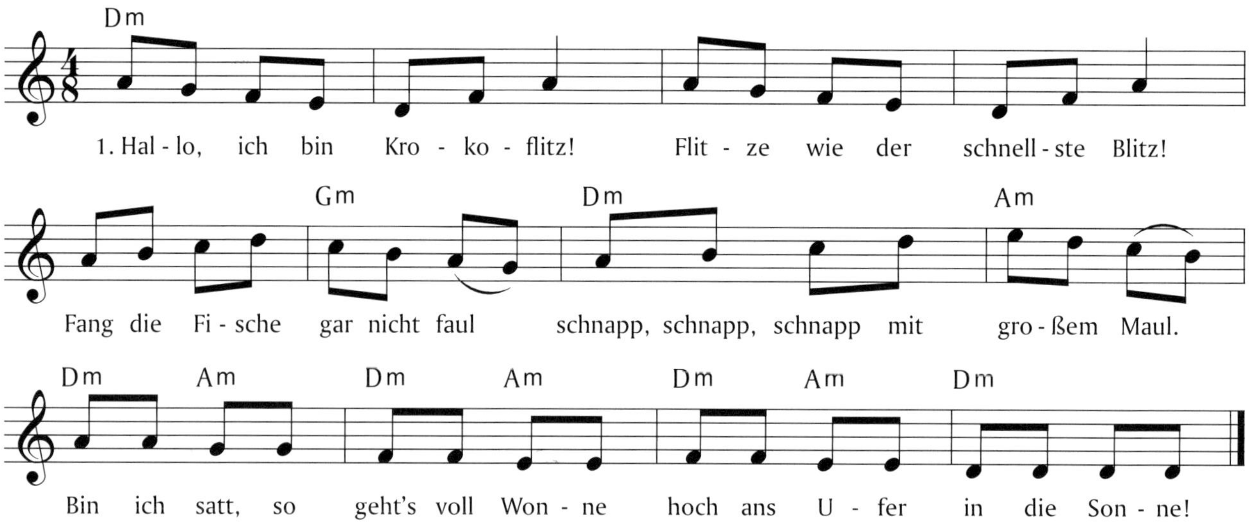

2. Hallo, ich bin Krokoflitz!
Fang die Fische mächtig fix!
Schwimmt schnell fort, nehmt euch in Acht,
ich fang' euch, eh' ihr's gedacht.
Bin ich satt, so geht's voll Wonne
hoch ans Ufer in die Sonne.

Anregung für Eltern-Kind-Gruppen

Die Kinder legen sich mit dem Bauch auf die ausgestreckten Beine der sitzenden Eltern.

Hallo, ich bin Krokoflitz! *Flitze wie der schnellste Blitz!* *Fang die Fische gar nicht faul* *schnapp, schnapp, schnapp mit großem Maul.* *Bin ich satt, so geht's voll Wonne*	Die Eltern wippen mit den Beinen.
hoch ans Ufer in die Sonne!	Die Eltern ziehen die Knie an, sodass der Po des Kindes in die Luft geht.

Variante für Krippe und Kindergarten ab 3 Jahren

Alle Kinder sind Krokodile und singen die erste Strophe. Dabei schnappen sie mit ausgestreckten Armen nach allem, was als Fisch durchgeht. Am Ende der ersten Strophe suchen sich die satten Krokodile einen Schlafplatz. Die Spielleitung spielt hier idealerweise ein kleines Zwischenspiel auf einem Instrument oder summt das Lied ohne Text weiter.

Nach einer kurzen Pause platschen die aufgewärmten Krokodile wieder ins Wasser und das Fischefangen beginnt mit der zweiten Strophe von Neuem. Alle singen die zweite Strophe und schnappen mit ausgestreckten Armen die Fische.

Alternativ kann auch nur **ein Kind das Krokodil** sein und die anderen sind die Fische. Auch hier singen alle wieder das Lied. Am Ende der zweiten Strophe fängt das Krokodil einen Fisch. Der gefangene Fisch darf dann als Nächstes Krokodil spielen.

Ich hab 'nen roten Trecker

Nr. 17

Text und Musik: Kristina Hansen

Dieses Lied eignet sich sowohl zum Kniereiter als auch als Großbewegungsspiel.

Alter: ab 2 Jahren
Tonart: A-Dur
Taktart: 4/4-Takt
Material: 1 Reifen pro Kind

Anregung für Eltern-Kind-Gruppen

Kniereiter: Die Kinder sitzen jeder auf einem Trecker, d. h. auf den ausgestreckten Beinen der Eltern.

Ich hab 'nen roten Trecker, *mit dem ich gerne flitze.* *Ich hab 'nen roten Trecker,* *der Trecker, der ist Spitze.*	Die Kinder sitzen auf dem Schoß der Eltern und halten ein imaginäres Lenkrad in Händen.
Ich fahre rechts herum,	Kinder vorsichtig über den rechten Arm werfen.
ich fahre g'radeaus,	Kinder wieder gerade ausrichten.
ich juckel übers Feld *und abends geht's*	Knie wechselseitig heben.
nach Haus'!	Beide Knie gleichzeitig anheben.

Varianten (Großbewegung)

1. Möglichkeit: Die Kinder stehen auf und fahren im Raum herum. Sobald der Trecker zu Hause ist, bleibt er stehen. Die Spielleitung fragt die Kinder: *„Welche Fahrzeuge gibt es noch?" („Einen roten Bagger, ein rotes Fahrrad, ein rotes Flugzeug ...")* Die Gruppe dichtet spontan die passenden neuen Strophen: *„Ich hab 'nen roten Bagger, auf dem ..."*

2. Möglichkeit: Jedes Kind erhält einen Reifen, mit dem es zunächst frei experimentieren darf: rollen, legen, balancieren, Pferd spielen. Dann beginnt das Treckerspiel:

- Die Kinder rollen den Reifen durch den Raum und singen das Treckerlied. Auf die Worte *„nach Haus'"* bleiben sie stehen (Mehrmals wiederholen).
- Jedes Kind platziert seinen Reifen an einem Ort im Zimmer. Dies ist das Haus. Alle singen wieder das Lied und laufen frei durch das Zimmer. Auf die Worte *„nach Haus'"* sprintet jedes Kind wieder zu seinem Reifen.
- Wie oben: Sobald erneut die Worte *„nach Haus'"* zu hören sind, sucht sich jedes Kind irgendeinen Reifen.
- In den nachfolgenden Spielrunden werden zunächst drei und dann zwei Reifen entfernt, sodass es zu wenige Häuser gibt. Die Spielleitung fragt: *„Alle brauchen einen Unterstand! Was machen wir jetzt?"* Antwort: *„Mehrere Trecker teilen sich ein Zuhause."*

Bagger buddeln

Nr. 5

Text und Musik: Kristina Hansen

Gibt es einen kleinen Jungen, der an einem Bagger vorbeigehen kann, ohne zu prüfen, ob es sich um einen Schaufelbagger, Radlader oder Raupenbagger handelt? Das Lied kann als Kniereiter, aber auch als Großbewegung gespielt werden.

Alter: ab 2 Jahren
Tonart: E-Dur
Taktart: 4/4-Takt

2. Heute bin ich Baggerführer und muss Bagger fahr'n.
Ich fahr meinen Bagger sogar auf der Autobahn.
Ich fahr tief in das Loch, ich fahr hoch auf den Hügel,
heiho, dieses Bagger fahren, das verleiht mir Flügel!

Anregung für Eltern-Kind-Gruppen

Kniereiter: Die Kinder sitzen auf dem Schoß der Eltern. Das Baggerlied wird ohne die Rapeinlage gesungen.

Bagger buddeln, Bagger buddeln	Die Beine abwechselnd
alles tief heraus,	links und rechts heben.
Bagger buddeln, Bagger buddeln	
dir ein neues Haus,	
heben Sand und Steine mit der Schaufel	Beide Beine anziehen.
hoch und dann	
fällt der ganze Krempel	
auf den Kipper	Beine fallen lassen.
rattapam!	Beine öffnen.

Bagger buddeln mit großen Bewegungen

Variante ab 3 Jahren (Tanz)

Alle Kinder stehen im Kreis mit dem Blick in die Mitte. Sie tanzen zum Lied:

Bagger buddeln, Bagger buddeln	Mit beiden Armen baggern.
alles tief heraus,	
Bagger buddeln, Bagger buddeln	
dir ein neues	Rechte Hand zeigt in die Kreismitte.
Haus,	Beide Hände als Dach über dem Kopf.
heben Sand und Steine mit der Schaufel	Beide Hände greifen Sand und
hoch und dann	heben ihn über den Kopf.
fällt der ganze Krempel	2 × in die Hände klatschen auf „*Krempel*“.
auf den Kipper	2 × auf Oberschenkel klatschen auf „*Kipper*“.
rattapam!	3 × auf Po klastschen zu „*rattapam*“.

Baggerführer Julle	Mit beiden Armen baggernd im Kreis
könnte immer Bagger fahr'n.	gehen.
Er fährt seinen Bagger	
sogar auf der Autobahn.	
Er fährt tief in das Loch,	Arme vorstrecken, in die Mitte gehen.
er fährt hoch auf den Hügel:	Arme hochheben, aus der Mitte gehen.
Julle denkt, das Bagger fahren,	Arme zu Flügeln und durch den Raum
das verleiht ihm Flügel.	fliegen im schnellen Lauf.

Lernphase: Akkulturation (0 bis 2 Jahre)

Akkulturation bzw. das **erste Kennenlernen der musikalischen Kultur** umfasst das Alter von 0 bis 2 Jahren, kann aber je nach Kind bis zum 4. Lebensjahr andauern. In dieser Phase erfasst und erinnert das Kind die Musik vor allem durch die damit einhergehenden Bewegungen. Erst am Ende dieses Stadiums beginnen die Kinder zu singen. Daher stehen zunächst das Hören und die Bewegung im Vordergrund.

Gordon unterteilt diesen Abschnitt in drei Phasen: Das „Absorbieren", das „zufällige Antworten" und das „absichtsvolle Antworten".

- **Absorbieren**
  Das Kind saugt alle musikalischen Eindrücke begierig in sich ein, es hört und schaut. Meist sind die Kinder sehr, sehr aufmerksam, lachen, wenn sie gekitzelt werden, horchen auf ungewohnte Klänge, freuen sich über Kniereiter und die schaukelnde Bewegung beim Tanz. Allerdings ist die Aufmerksamkeitsspanne noch sehr gering. In die musikalischen Einheiten sollten daher häufige methodische Wechsel eingeplant werden. Die Kinder verfolgen sehr genau Intonationskurven, melodische Klangfarben und Höhepunkte eines Liedes. Bereits mit 6 Monaten sind Kinder in der Lage, einen Unterschied zwischen Dur und Moll wahrzunehmen.

Wilder Ritt auf Mamas Knien!

- **Zufälliges Antworten**
  Schon kleinste Babys **reagieren auf Musik.** Sie schauen in die Richtung der Schallquelle, sie fuchteln mit den Armen oder wippen zur Musik. Es findet aber noch keine Koordination zwischen Bewegung und Musik statt. Auch das **Lallen und Brabbeln** der Babys fällt meist zeitlich noch nicht mit der Musik zusammen. Es ist noch viel zu viel damit beschäftigt, aufzunehmen, was um es herum geschieht.

- **Absichtsvolles Antworten**
  Das Kind erkennt das, was es hört, als Musik. Seine erste Antwort darauf ist die Bewegung. Mit 9 Monaten fängt das Kind an, sich erstmalig im Sitzen zur Musik zu bewegen. Die Bewegung ist das, was sich Kinder als Erstes merken können. Deshalb ist es wichtig, dass die Lieder mit Bewegungen verknüpft werden, denn die Bewegung hilft dem Kleinkind sich zu erinnern.

Muskeltonus und Schwerkrafterfahrung (0–6 Monate)

Der Aufbau des Muskeltonus und die damit verbundenen ersten Schwerkrafterfahrungen werden vor allem durch folgende Sinnesempfindungen beeinflusst:

- Tiefenwahrnehmung
- Gleichgewichtssinn

Das Kind lernt, mit den Augen bestimmten Bewegungen zu folgen und sich in verschiedene Positionen zu bringen (den Kopf heben, greifen, sich drehen). Dabei entwickelt es sein Gleichgewichtsgefühl für bestimmte Körperteile wie den Kopf (Kopfhaltung), und der Muskeltonus bildet sich aus. Schritt für Schritt macht es sich mit der Schwerkraft vertraut, sodass es sich immer sicherer bewegen kann.

Auch größere Kinder lieben Sinnesreize, die mit der Tiefenwahrnehmung und dem Gleichgewichtssinn zu tun haben: Das Schaukeln in einer Decke oder Hängematte oder das Auf-einer-Decke-gezogen-Werden macht den Zwei- bis Vierjährigen besondere Freude.

Musikalische Spielideen:

- Schaukellieder auf den Armen
- Schaukellieder in der Hängematte
- Schwerkrafterfahrung als Körperwahrnehmung

Hampel und Pampel

Dieser Sprechvers leitet zu einer Babygymnastik an, bei der die Tiefenwahrnehmung und Schwerkrafterfahrung im Vordergrund stehen. Interessanterweise lieben Kinder ab 2 Jahren das Spiel fast noch mehr.

Alter: ab 5 Monaten
Taktart: 3/8-Takt
Material: 1 Decke pro Kind

Anregung

Für dieses Spiel wird ein glatter Fußboden benötigt, z. B. Parkett oder Linoleum. Das Baby wird auf eine weiche Unterlage oder Decke gelegt. Folgendes Spiel wird mit dem Baby gespielt:

Hampel und Pampel,	Wechselseitiges Schieben der Beine
welch ein Gestrampel,	an den Bauch.
von Füßen und Beinchen,	
so trappeln die Schweinchen.	Füße sanft auf den Boden stampfen.
Und, was sagt die Kuh?	Beide Beine lang ausziehen.
Na, muh!	Beide Beine gemeinsam an den Bauch schieben und Kind mit der Decke vorsichtig nach vorne schieben.

Die Tiefenwahrnehmung fördern

Tut, tut, tut, die Eisenbahn

Text und Musik: überliefert

Babys und Kleinkinder lieben Eisenbahngeräusche: Einsteigen, tut, tut und los geht's!

Alter: ab 4 Monaten
Tonart: D-Dur
Taktart: 4/4-Takt
Material: 1 dicke Decke pro Eltern-Kind-Paar

Und auf geht die Fahrt!

Anregung für Eltern-Kind-Gruppen

Für dieses Spiel wird ein rutschiger Fußboden benötigt, z. B. Linoleum oder Parkett. Das Baby wird vorsichtig mit dem Rücken auf eine Decke gelegt. Kleinkinder setzen sich auf die Decke.

- Alle Eltern singen das Lied und ziehen ihr Kind dazu wie eine kleine Eisenbahn durch den Raum.
- Die Eisenbahn fährt in der ersten Runde gemütlich. Bei der Wiederholung geht es schon flotter zu. Das dritte Mal geht der Bahn die Puste aus und sie wird ganz ruckelig und bleibt stehen. Nach dem kleinen Zwischenstopp geht es noch einmal volle Fahrt voraus!

Beziehungsförderung und positive Berührungserfahrung (0–6 Monate)

Im Gehirn finden neurologische Verknüpfungen (Integration) folgender Sinnessysteme statt:

- **Das taktile System und das visuelle System**
  Aus der Verknüpfung der Sinneserfahrungen des taktilen und des visuellen Systems entwickelt sich für das Kind die lebensnotwendige **Mutter-Kind-Bindung**. Die prägendsten Erfahrungen sind das Saugen/Essen und das Wohlgefühl bei Berührungen.
- **Das auditive System führt zur Aufmerksamkeitsfokussierung.**
  Besonders hohe Frequenzen machen das Kind sehr neugierig. Unterstützend kann beim Hören und Erzeugen von Klängen auf Gegenstände gezeigt werden, auf die das Interesse des Kindes gelenkt werden soll.

Kuscheln mit dem Kissen

Da die Beziehungsförderung und positive Berührungserfahrungen gerade in **Phasen des Sich-aneinander-Gewöhnens und Kennenlernens** wichtig sind, eignen sich die Lieder und Spiele in diesem Abschnitt sowohl für die ganz Kleinen als auch für ältere Kinder.

Hinweis

Beim **Tanzen, Singen und Musizieren** sollte den Kindern in die Augen geschaut werden. Daraus ergibt sich meist ein intensiveres und fantasievolleres Spiel. Durch den **Blickkontakt** können sich die Eltern oder andere Bezugspersonen automatisch anders auf die Kinder einstellen.

Federchen

Nr. 13

Text und Musik: Kristina Hansen

Es geht ein Zauber aus von allem, was sich bewegt und fliegt. Dieser Zauber überträgt sich auch auf die Allerkleinsten. Die Weichheit der Feder spricht den taktilen Sinn an und fasziniert sofort.

Alter: ab 5 Monaten
Tonart: E-Dur
Taktart: ¾-Takt
Material: 1 abgekochte Feder pro Kind, 1 fließendes, sanftes Musikstück

2. Federchen leicht und Federchen schön,
kitzel dem Kindchen das Näschen,
Federchen leicht und Federchen schön,
wir machen heute ein Späßchen.

(Refrain): Ein Federchen fliegt …

3. Federchen leicht und Federchen schön,
kitzel dem Kindchen die Füße,
Federchen leicht und Federchen schön,
schicke von Papa ihm Grüße.

(Refrain): Ein Federchen fliegt …

Anregung für Krippe und Kindergarten

Die Spielleitung stellt ein Kästchen mit Federn in die Mitte des Raumes. Die Gruppe versammelt sich um das Kästchen. Es ertönt ein klassisches Stück vom Band.

- Die Spielleitung öffnet das Kästchen und pustet vorsichtig hinein. Sie nimmt eine einzelne Feder in die Hand und pustet sie zu einem Kind.
- Jedes Kind erhält eine eigene Feder, mit der es frei spielen darf. Das Pusten der Feder in die Luft ist besonders reizvoll für die Kinder.

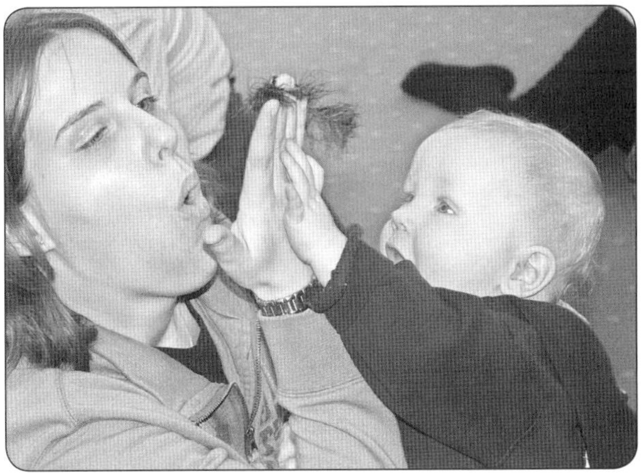

Berührungserfahrung mit Feder

Variante

Die Spielleitung oder ein Elternteil setzt sich mit einer Feder in der Hand vor das Kind.

- Der Erwachsene macht das Kind mit der Feder vertraut. Er streichelt über die Wangen des Kindes: Wie reagiert es wohl darauf? Pausen zwischen dem Kitzeln steigern die Erwartung des Kindes.
- Der Erwachsene spricht das Lied und streichelt das Kind mit der Feder an den entsprechenden Körperstellen.
- Beim **Refrain** wird die Feder in die Luft geworfen.
- Jetzt singt der Erwachsene das Lied und wiederholt dabei dasselbe Spiel.

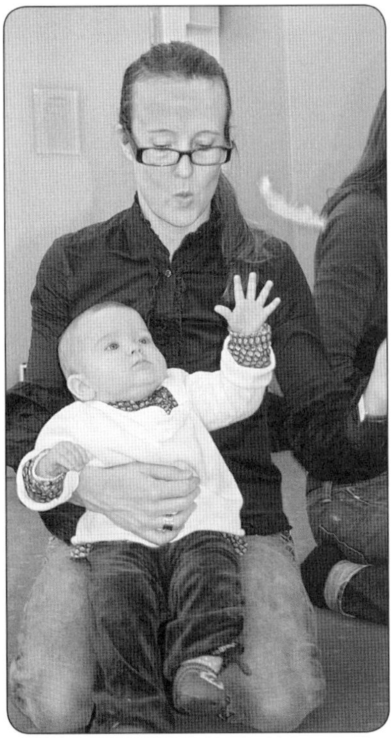
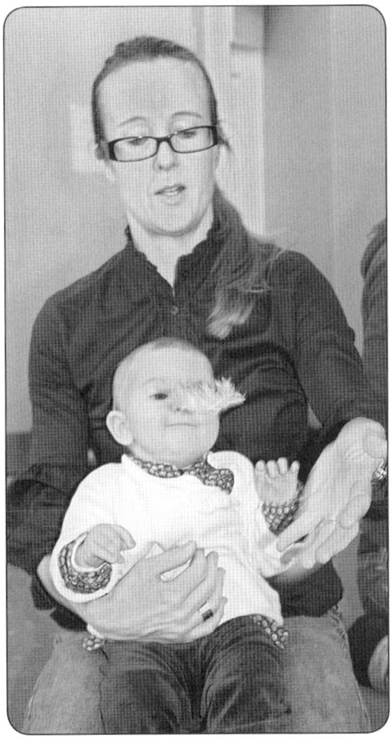
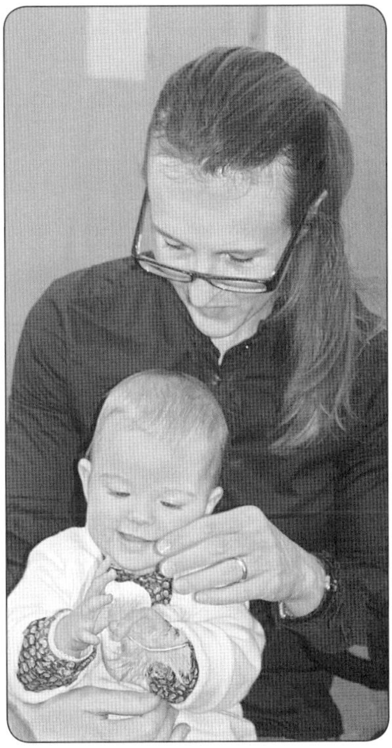

Der Zauber des Fliegens

Tip tap tokee

Text und Musik: Kristina Hansen

Kitzeln ist eine wunderbare Berührungserfahrung, zusammen mit Musik macht sie noch mal so viel Spaß.

Alter: ab 0 Jahren
Tonart: D-Dur
Taktart: 4/4-Takt

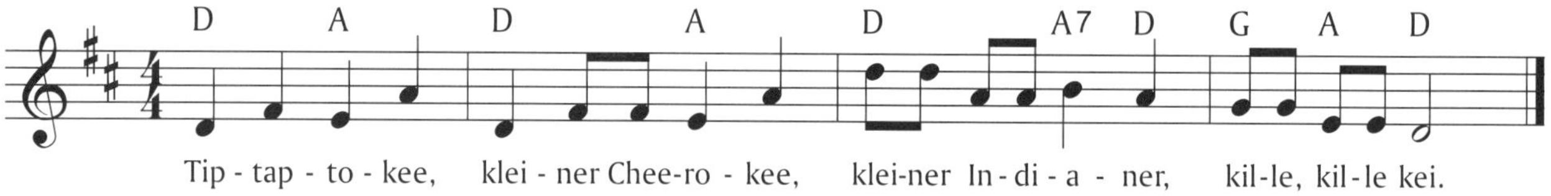

Anregung

Die Spielleitung oder ein Elternteil setzt sich vor das Baby.

- Zwei Finger steigen langsam am Körper des Babys hoch.
- Bei „*kille, kille kei*" wird das Baby gekitzelt: Wo ist das Kind wohl am kitzeligsten?
- Das Spiel wird mehrfach wiederholt.
- Im dritten Durchgang wird eine kleine Pause vor dem Kitzeln eingelegt. Das Baby wartet schon auf die Aktion. Der Spaß erhöht sich dadurch, denn je größer die Erwartung ist, desto kitzeliger ist es.

Verstecken

Text und Musik: Klinkhardt, Kindergartenlieder, Leipzig 1904

Durchsichtige Tücher üben einen großen Reiz auf Kinder aus. Sie sind weich und formbar und erzeugen ein angenehmes Gefühl bei Berührung. Sie eignen sich besonders zum Verstecken, weil man sich zwar von allen abgesondert fühlt, aber das Zimmer noch gut im Blick behalten kann.

Alter: ab 4 Monaten
Tonart: F-Dur
Taktart: 2/4-Takt
Material: 1 durchsichtiges Tuch (z. B. Chiffon) pro Kind, Kiste

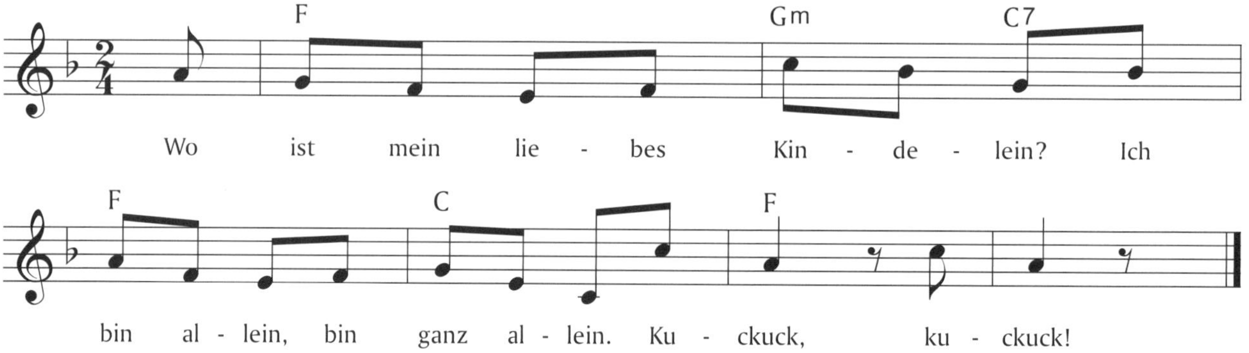

Anregung

1. Schritt: Die Spielleitung stellt eine Kiste mit Chiffontüchern in die Mitte, aus der sich alle Gruppenteilnehmer, auch die Erwachsenen, ein Tuch nehmen. Babys, die noch nicht krabbeln können, werden entweder mit dem Tuch direkt zugedeckt oder das Tuch wird vor sie gelegt.

Alle Babys und Erwachsenen erhalten etwas Zeit, das Material zu erforschen. Um ein Baby auf das Tuch aufmerksam zu machen, kann es ein wenig mit dem Tuch gekitzelt werden. Im Idealfall greift es aber von alleine nach dem Tuch und erforscht es, indem es das Tuch z. B. in den Mund steckt. Die Erwachsenen pusten ihre Tücher in die Luft.

2. Schritt: Das Tuch wird dem Baby auf den Kopf gelegt und die Erwachsenen singen das Lied. Auf das Wort „*Kuckuck*" ziehen sie das Tuch vom Kopf des Babys, falls es das noch nicht selbst getan hat. Der Erwachsene hält das Tuch zwischen sich und das Baby und eine neue Spielrunde kann beginnen.

Variante ab 1 Jahr

Die Kinder verstecken einzelne Körperteile unter einem Tuch, z. B. das Bein oder den Bauch. Das Lied muss passend umgedichtet werden: *„Wo kann denn nur mein Beinchen sein, ich bin allein …"*

Freies Spiel mit Tüchern

Kleine Schnecke

Text und Melodie: überliefert

Igelbälle bieten eine schöne Berührungserfahrung für Kinder, weil sie zwar rund aussehen, aber sich dennoch stachelig anfühlen. Sie eignen sich daher auch für den Hausgebrauch, wenn Eltern ihren Kindern etwas Gutes tun wollen. Das Schneckenlied wird zur Melodie von Bruder Jakob gesungen.

Alter: ab 4 Monaten
Tonart: F-Dur
Taktart: 4/4-Takt
Material: 1 Igelball und 1 Kissen pro Kind

Anregung für Krabbelgruppen oder den Kindergarten

Die Spielleitung rollt einen Igelball auf das Baby oder das Kleinkind zu: Können sie den Ball greifen? Die Noppen fühlen sich interessant an und sind ein wunderbarer Forschungsgegenstand. Die Spielleitung singt das Lied *„Kleine Schnecke"*. Dazu wandert sie mit einem Ball über den Körper des Kindes. Das Spiel wird einige Male wiederholt.

Hinweis

Für Babys ist es oft leichter, auf etwas zu fokussieren, das sich bewegt, sodass das Spiel eine optimale Anregung schon für die Kleinsten darstellt.

Variante für Eltern-Kind-Gruppen

Eine schiefe Ebene wird in der Mitte des Raumes aufgebaut, indem mehrere Kissen zu einem Kissenberg aufgestapelt werden.

- Alle Erwachsenen singen das Lied der *„Kleinen Schnecke"* mehrmals und üben so den **Kanon ein!** Dabei massieren sie die Kinder mit den Igelbällen.
- Die Igelbälle werden nun auf den Kissenberg gelegt. Die kleinen Krabbelkinder kommen wahrscheinlich sofort neugierig herbeigekrabbelt und krabbeln auf die Kissen, um die Bälle greifen zu können.

Berührungserfahrung mit Igelbällen

Bällchen, Bällchen, roll geschwinde

Text: Kristina Hansen, Musik: überliefert

Alles, was sich bewegt, erregt die Aufmerksamkeit der Kinder. Dieses Ballspiel lässt sich gut im Anschluss an das vorherige Spiel „Kleine Schnecke“ spielen. Der Text wird zur Melodie von „Ringlein, Ringlein, du musst wandern“ gesungen.

Alter: ab 4 Monaten
Tonart: F-Dur
Taktart: 4/4-Takt
Material: Igelbälle oder Tennisbälle

2. Bällchen, Bällchen, du musst wandern
von dem einen zu dem ander'n.
Oh, wie schön, oh, wie schön,
kann das Bällchen wandern seh'n.

Anregung für Krippe und Kindergarten

Die Erwachsenen setzen sich vor das Kind. Die Kinder liegen je nach Alter und Können auf dem Bauch oder sitzen. Die Erwachsenen singen das Lied vom Bällchen. Der Ball wird auf das Kind zugerollt, sodass es nach ihm greifen kann. Ist es noch sehr klein, lenkt der Erwachsene die Aufmerksamkeit zusätzlich auf den Ball, indem er diesen einmal über die Hand des Kleinkindes rollt.

Variante für Eltern-Kind-Gruppen

Die Erwachsenen setzen sich in einen großen Kreis und spreizen die Beine. Die Babys krabbeln oder liegen in der Mitte. Es entsteht ein großes Feld, aus dem die Bälle nicht wegrollen können. Alle singen das Lied vom Bällchen, während sie sich die Bälle gegenseitig zurollen.

Und so geht alles nun zur Ruh'

Text: Tobias Bromman, Kristina Hansen
Musik: Tobias Brommann

Sich so richtig in ein Kissen einzukuscheln und dabei gestreichelt zu werden, das tut Babys richtig gut.

Alter: ab 0 Jahren
Tonart: F-Dur
Taktart: 2/4-Takt
Material: 1 Kuschelkissen oder Kuscheltuch

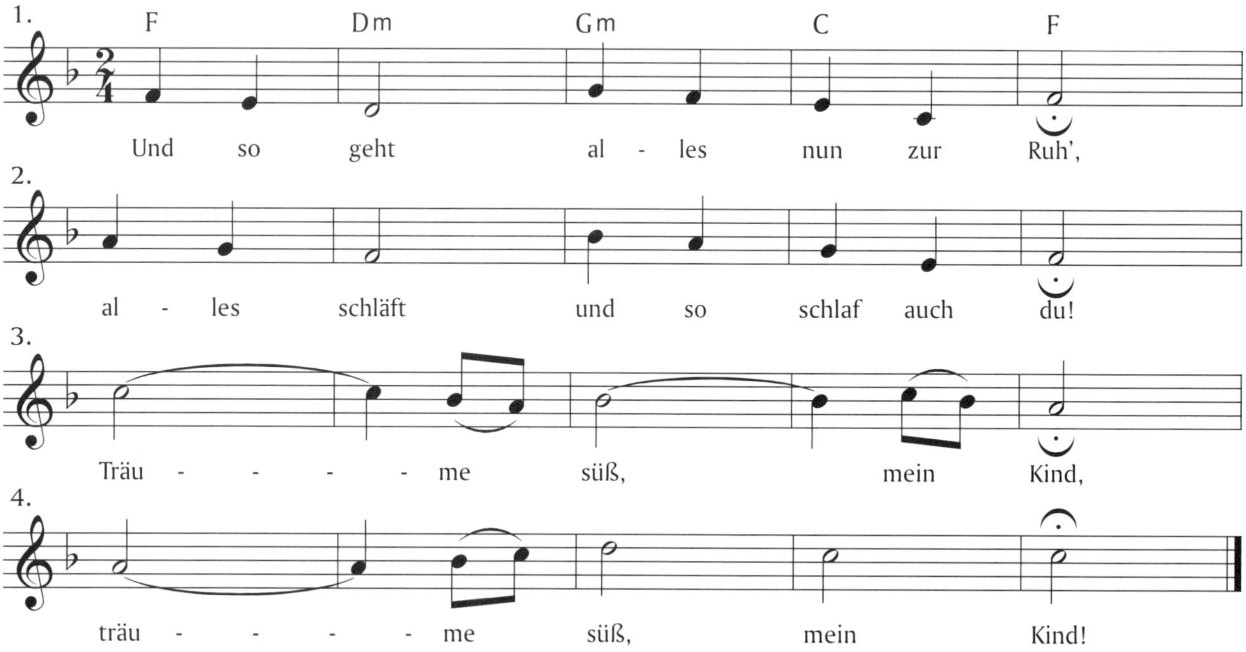

Anregung für Krippe und Kindergarten

Jedes Kind kuschelt mit einem Kissen oder Tuch. Die Spielleitung singt das Lied „*Und so geht …*“, geht dabei von Kind zu Kind und zeigt so jedem einzelnen, dass es wahrgenommen wird.

Zwischen den Liedwiederholungen spricht sie die Kinder einzeln an: „*Du bist heute aber müde; oh, wie lieb, dass du Caroline streichelst; der David möchte lieber kitzeln, der ist heute so fröhlich und voller Energie.*“

Hinweis

Unterstützend können auch spezifische Gesten eingesetzt werden, um den Kindern Aufmerksamkeit zu schenken. Wichtig ist, dass sich alle Kinder zumindest einmal in der Stunde gesehen und wahrgenommen fühlen – Loben natürlich inbegriffen!!!

Variante für Eltern-Kind Gruppen

Die Eltern kuscheln sich mit ihren Kindern zusammen und singen das Lied „*Und so geht …*“ für ihr Kind. Nach ein bisschen Übung singen sie das Lied auch als **Kanon**.

Hinweis

Das Vertrauen baut sich bei den ganz Kleinen hauptsächlich über den Blickkontakt und die Berührung auf. Berührungen sollten langsam sein, das vermittelt Ruhe und Geborgenheit!

Körperschema (6–18 Monate)

Das Baby ist mittlerweile zu einer **längeren Aufmerksamkeitsspanne** in der Lage und befindet sich auf einem insgesamt höheren Aktivitätsniveau. Das hat zur Folge, dass auch längere Unterrichtsabschnitte eingeplant werden können.

- **Stimulierung der Basissinne steht im Vordergrund.**
  Das Kind übt den Gleichgewichtssinn, die Tiefenwahrnehmung und den taktilen Sinn. Darüber bildet sich eine „innere Landkarte“, das sogenannte „Körperschema“ aus. Fehlt einem Kind diese „Landkarte“, wird es entweder sehr scheu oder überaktiv und kann optische und akustische Reize nicht filtern.

Jean Ayres dazu:
„*Das Körperschema besteht aus einzelnen Landkarten des Körpers, die im Gehirn gespeichert sind. Diese Landkarten enthalten Informationen über jenen Abschnitt des Körpers, die Beziehungen zwischen den einzelnen Teilen und all den Bewegungsmöglichkeiten, die jeder einzelne Körperabschnitt durchführen kann. Dieses Körperschema wird im Gehirn als Folge der Empfindungen von der Haut, den Muskeln, den Gelenken, der Erdschwere und den Bewegungssinnesorganen, die bei den täglichen Aktivitäten des Kindes im Gehirn sortiert und geordnet wurden, entwickelt. Ein gut geordnetes Körperschema ermöglicht es dem betreffenden Menschen, jederzeit zu fühlen, was sein Körper in jedem Moment tut, ohne dass er hinsehen oder sich mit den Fingern berühren muss*“ (Ayres 2005, 109).

Das Berühren der Körperteile durch Mama oder eine andere Bezugsperson macht dem Kind den Körper immer bewusster. Direkt an diese Sinneserfahrungen setzen **Sprechverse** an, **die Augen, Mund und Nase benennen**. Die Kinder entwickeln eine Vorstellung davon, wie sich Kopf, Hände und Füße bewegen und was mit ihnen gemacht werden kann. Voraussetzung hierfür ist, dass die Kinder bereits Erfahrungen mit Druck und Zug auf der Muskelebene gemacht und mit dem Gleichgewicht und dem Hautempfinden gesammelt haben.

- **Das visuelle und das auditive System**
  Das Sehen und Hören hilft dem Kind bei der Einschätzung von Entfernungen. Die Kinder sind aber mit 6 Monaten auch schon in der Lage, Unterscheidungen zwischen Dur und Moll zu machen.

Steigt ein kleiner Mann

Nr. 3

Text und Musik: Kristina Hansen

Dieses ist ein schönes Lied zur musikalischen Körpererfahrung. Keine Angst vor dem 5⁄4-Takt, der Text trägt einen über alle Schwierigkeiten hinweg.

Alter: ab 6 Monaten
Tonart: d-Moll
Taktart: 5⁄4-Takt
Instrumente: Klanghölzer

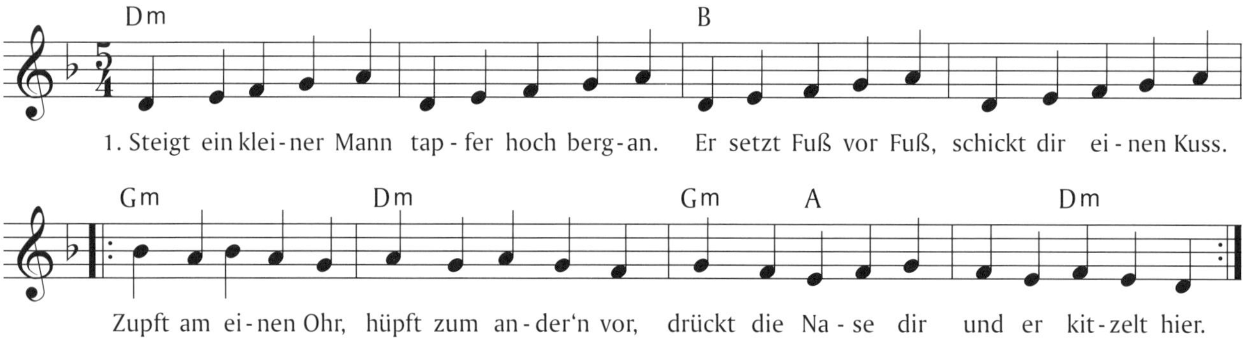

2. Stell dir aber vor,
hinter deinem Ohr
trifft der kleine Mann
eine Frau und dann
sind sie aber froh,
lieben sich ja so
und sie kitzeln sich
und manchmal auch dich.

3. Ihre Kinderlein,
die sind klitzeklein,
machen gern Musik,
macht doch alle mit:
Lalalalala
Lalalalala
Lalalalala
Lalalalala.

4. Lalala …

Anregung

Ein Elternteil oder eine andere Bezugsperson setzt sich dem Kind direkt gegenüber. Zum Üben wird zunächst nur die erste Strophe gesprochen. Gemeinsam führen die Eltern mit ihren Kindern folgende Aktionen aus:

Steigt ein kleiner Mann	
tapfer hoch bergan.	Die Finger wandern von
Er setzt Fuß vor Fuß,	den Füßen des Kindes aufwärts.
schickt dir einen Kuss.	Ein Finger küsst den Mund.
Zupft am einen Ohr,	Am Ohr zupfen.
hüpft zum ander'n vor,	Am anderen Ohr zupfen.
drückt die Nase dir	Auf der Nase hupen.
und er kitzelt hier.	Bauch/Füße kitzeln.

Der Sprechvers wird mehrmals wiederholt, bevor er gesungen wird.

Variante für Krippen und Kindergärten

Die Spielleitung stellt eine Kiste mit Klanghölzern auf den Boden und lädt die Kinder ein, sich zwei Hölzer herauszunehmen. Die Kinder untersuchen die Klanghölzer auf mögliche Spielarten hin: Welche Ideen haben sie? Was machen Sie mit den Hölzern?

- Hölzer aufeinanderschlagen.
- Mit den Hölzern hämmern, sägen.
- Das Holz mit den Händen oder Füßen rollen.
- Das Holz auf die Füße tippen.
- Mit dem Holz auf dem Teppich malen.
- Mit dem Holz trommeln.

Gemeinsam überlegt die ganze Gruppe, welche Spielart für eine Strophe zum Einsatz kommen soll. Bei den ganz Kleinen greift die Spielleitung auf, was sie vorab bei ihnen beobachtet hat und legt die Aktionen selbst fest. Die Spielleitung singt das Lied und die Kinder führen die verschiedenen Aktionen aus.

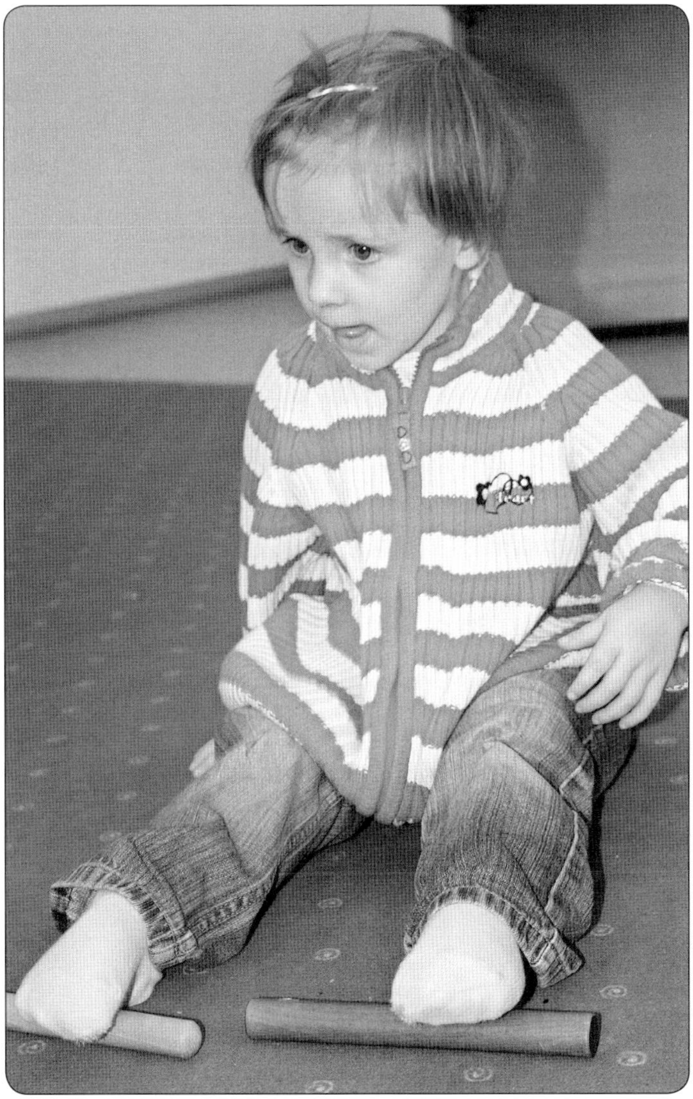

Klanghölzer mit den Füssen rollen

Kommt ein kleiner Käfermann

Nr. 18

Text: überliefert, Musik: Kristina Hansen

Der Käfermann ist ein überlieferter Sprechvers, der hier das Gewand einer mixolydischen Melodie erhalten hat, was der staksigen Eigenart eines Käfers durchaus entspricht. Der Käfermann eignet sich zur Körpererfahrung, lässt sich aber auch als Instrumentalspiel umsetzen.

Alter: ab 1 Jahr
Tonart: mixolydisch
Taktart: 4/4-Takt
Instrumente: evtl. Kinderkastagnetten in der Anzahl der Teilnehmer

Anregung

Die Gruppe versammelt sich sitzend auf dem Boden. Die Spielleitung stellt das nachfolgende Fingerspiel vor:

Kommt ein kleiner Käfermann, *hat ein braunes Röcklein an.*	Die Finger der rechten Hand krabbeln.
Klettert auf den Baum herauf,	Rechte Hand krabbelt am aufgestützten Ellenbogen des linken Arms herauf.
setzt sich auf ein Ästchen drauf.	Rechte Hand auf den kleinen Finger der linken Hand setzen.
Schaukelt dort ganz froh und munter.	Dort schaukeln.
Plumps, da fällt der Käfer runter.	Beide Hände auf den Boden patschen.

Varianten (mit Kinderkastagnetten)

1. Möglichkeit: Jedes Kind erhält eine Kastagnette (am besten passen hier Käferkastagnetten). Alle fassen die Kastagnetten am oberen Teil der Kastagnette an. Bei Bodenberührung klackern die Kastagnetten wie kleine Käfer, die über den Boden laufen. Das Käferspiel wird gespielt:

- Solange die Käfer am Körper hochklettern, klappern sie.
- Sobald die Käfer schaukeln, herrscht Stille.
- Sobald sie hinunterplumpsen, gibt es einen sehr lauten Klapperkrach!

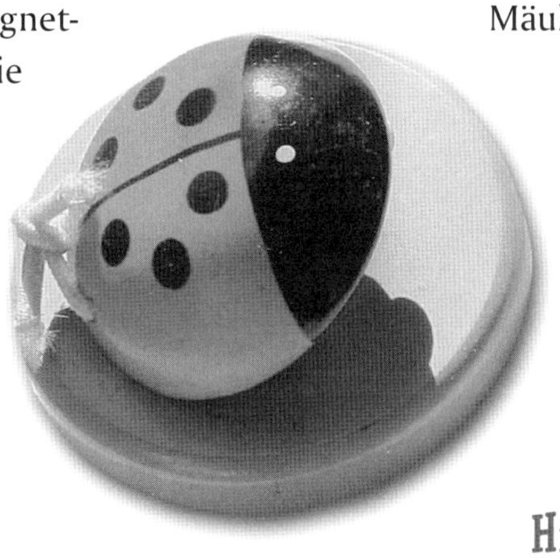

Eine Käferkastagnette

2. Möglichkeit: Die Kinder halten die Kastagnetten zwischen Daumen und Hand. Alle klappern gemeinsam: Sind die Käfer etwa hungrig? Dann knabbern die Käferlein an Fingern, Zehen, Hosenbeinen und was ihnen sonst noch so vor's Mäulchen kommt.

Variante für Eltern-Kind-Gruppen (mit Kinderkastagnetten)

Die Spielleitung gibt für die Kastagnetten einen gleichmäßigen Takt vor. Die ganze Gruppe klappert im Takt. Sobald alle im Takt sind, erfinden die Eltern ihren eigenen Rhythmus dazu.

Hinweis (Bastelanregung)

Unter dem Lied *„Nüsschen knack, knack, knack“* (s. S. 119) findet sich eine Anleitung zum Basteln einer Kinderkastagnette mit Walnüssen.

Koordination beider Körperhälften (6–18 Monate)

- **Koordination und motorische Bewegungsplanung**
  Durch das Krabbeln lernen Kinder, die rechte und linke Körperseite zu koordinieren, und entwickeln so ihr Körperschema weiter. Gleichzeitig befassen sie sich mit der motorischen Bewegungsplanung. Dabei beginnen sie mit dem Mund und dem Gesicht und dehnen ihre Bewegungsplanung später auf die Hände und die Füße aus.
- **Aufmerksamkeit schulen**
  Das Kind verfügt über eine längere Aufmerksamkeitsspanne und kann sein Aktivitätsniveau zudem über einen längeren Zeitraum konstanter halten. Es hat mehr Gefühlsstabilität erreicht und spürt, wozu es (durch die richtige Verarbeitung der sensorischen Prozesse) in der Lage ist.

Die Kinder fangen an, Gegenstände aneinanderzuschlagen, auch Klatschen ist sehr beliebt.

Hinweis

Dem Kind werden immer zwei Instrumente an die Hand gegeben, mit denen es die Koordination der rechten und linken Körperhälfte üben kann.

Backe, backe Kuchen

Text und Musik: überliefert (Bearbeitung: Kristina Hansen)

Es handelt sich um ein altes pentatonisches Kinderlied, das als solches auch von ganz kleinen Kindern leicht auf Klangstäben begleitet werden kann. Das Klatschen in die Hände übt die Koordination beider Körperhälften, das Instrumentalspiel die Koordination der Hände.

Alter: ab 9 Monaten
Tonart: pentatonisch
Taktart: 4/4-Takt
Instrumente: evtl. Chicken Eggs, Zimbeln, pentatonische Klangstäbe (C1, D1, E1, G1, A1), Schlägel

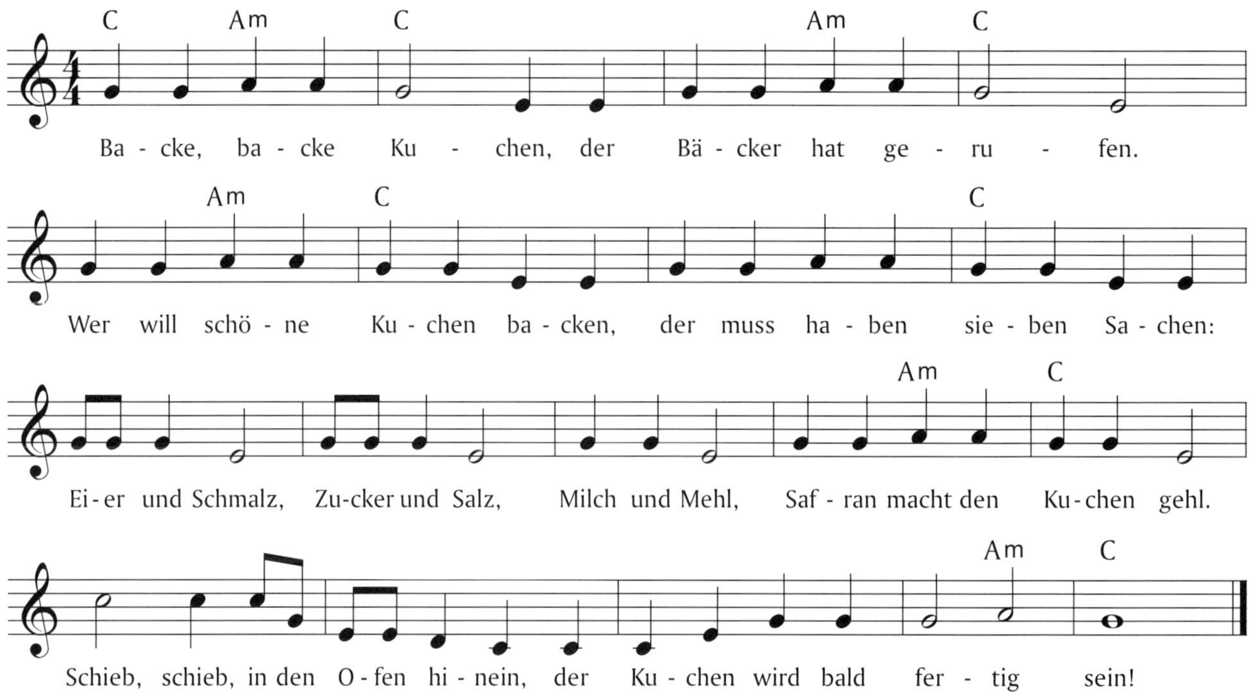

Anregung

Die Kinder sitzen im Halbkreis um die Spielleitung und spielen folgendes Spiel:

Backe, backe Kuchen,	Klatschen.
der Bäcker hat gerufen.	
Wer will schöne Kuchen backen,	
der muss haben sieben Sachen:	
Eier und	Klatschen.
Schmalz,	Kitzeln.
Zucker und	Klatschen.
Salz,	Kitzeln.
Milch und	Klatschen.
Mehl,	Kitzeln.
Safran macht den Kuchen gehl.	Klatschen.

Schieb, schieb in den Ofen hinein,	Mit den Handflächen ein Tablett formen, das in den Ofen geschoben wird.
der Kuchen wird bald fertig sein!	Mit den Händen einen Halbkreis beschreiben.

10 Monate altes Baby, das Chicken Eggs aneinander schlägt

Variante

Die Kinder erhalten wahlweise zwei

- Chicken Eggs,
- Zimbeln,
- pentatonische Klangstäbe und Schlägel.

Die Spielleitung singt das Lied „*Backe, backe Kuchen, …*“, während die Kinder sie auf den Instrumenten begleiten.

Äolisches Trommellied

Nr. 35

Text und Musik: palästinensische Überlieferung

Dieses Lied stammt aus Israel, auch wenn es beinahe indianisch anmutet.

Alter: ab 1 Jahr

Tonart: Äolisch

Taktart: 2⁄4-Takt

Instrument: 1 Trommel oder 1 Pappkarton pro Kind; evtl. 2 Schlägel pro Kind

Anregung

Jedes Kind erhält eine Handtrommel oder einen Pappkarton als Trommelersatz. Die Kinder probieren ihre Trommel aus. Alles ist erlaubt, außer sich draufzusetzen. Die Spielleitung macht folgende Vorgaben:

„Es beginnt zu regnen."	Die Finger tippen als leichte Regentropfen auf das Instrument.
„Es regnet mehr."	Die Fingerkuppen beider Hände schlagen abwechselnd auf das Instrument.
„Ein Gewitter zieht auf."	Alle schlagen mit der flachen Hand auf das Instrument.
„Die Sonne scheint."	Eine Handfläche beschreibt Kreise auf der Trommel.

Trommeln sprechen die Tiefenwahrnehmung und das Rhythmusgefühl an

Alle singen jetzt das *„Äolische Trommellied"* und einigen sich bei jeder Wiederholung auf die Wetterlage.

Variante

Jedes Kind erhält zusätzlich eine Trommel und 2 Schlägel. Alle singen das Trommellied und führen folgende Aktionen aus:

- Der Regen wird durch leises Trommeln dargestellt,
- Gewitter durch lautes,
- Wind durch das Reiben des Schlägels auf der Trommel.

Hinweis

Die Schlägel werden in dieser Altersstufe immer parallel geführt, noch nicht abwechselnd, das können Kinder erst ab 2 Jahren.

Bewegungsplanung (6–18 Monate)

Mit Bewegungsplanung ist die Fähigkeit des Gehirns gemeint, „die Art der Informationen zu planen, die es den Muskeln zusenden muss, und auch die Reihenfolge, in der dies zu erfolgen hat" (Ayres 2002, 164), damit eine neue Handlung ausgeführt werden kann.

Bewegungsplanung muss ausprobiert und erspürt werden. Je mobiler die Kinder werden, desto mehr sollte der Musikunterricht auch auf die Experimentierphase der Kinder eingehen. Eine choreografierte Bewegung zu einem Lied auszuführen, ist zu diesem Zeitpunkt noch zu schwierig.

Luftballon

Text und Musik: Kristina Hansen

Dieses pentatonische Lied hat die Melodie eines einfachen Kinderliedes. Der fliegende Luftballon fasziniert die Kinder und animiert sie zu ungewöhnlichen Bewegungen. Am schönsten sind die Rasselballons.

Alter: ab 1 Jahr

Tonart: pentatonisch
Taktart: 4/4-Takt
Material: 1 Luftballon pro Kind; evtl. Füllmaterialien (Reis, Erbsen, Makkaroni), Schwungtuch, 50 cm lange Schnur für jeden Luftballon, pentatonische Klangstäbe (D1, E1, Fis1, A1, H1)

Anregung für Eltern-Kind-Gruppen

1. Schritt: Die Spielleitung kommt mit den Eltern und Kindern in der Mitte des Raumes zusammen:

- Sie holt aus einem kleinen Säckchen einen Luftballon und pustet ihn auf.
- Sie lässt die Luft mit einem Quietschen wieder entweichen.
- Sie pustet ihn erneut auf, quietscht ein wenig und lässt den Ballon dann los.

Die Kinder beobachten den Flug des Ballons, fangen ihn und bringen ihn zurück zur Spielleitung.

2. Schritt: Jedes Kind darf sich nun einen eigenen Luftballon aus dem Säckchen nehmen. Die Eltern blasen die Ballons für ihre Kinder auf, lassen sie ebenfalls kurz quietschen und dann fliegen. Die Kinder holen die Luftballons zurück.

3. Schritt: Die Ballons werden aufgeblasen und dann zugeknotet.

- Die Kinder erhalten etwas Zeit, um im freien Spiel mit dem Luftballon zu experimentieren.
- Dann singen alle das Lied und spielen parallel dazu mit den Ballons.

Die Kinder werden die ganze Zeit sehr genau beobachtet. Es geschieht nur, was den Kindern angenehm ist.

Variante (Rasselballons)

Reis, Erbsen oder Nudeln werden in den Ballon gefüllt und die Ballons werden zugeknotet. Die Kinder können die Rasselballons im freien Spiel ausprobieren. Nach einiger Zeit des Spielens singen alle das Lied und bewegen ihre Ballons zum Takt der Melodie.

Variante (Schwungtuch)

Alle versammeln sich sitzend um das ausgebreitete Schwungtuch, auf dem sich Luftballons befinden. Jedes Gruppenmitglied fasst eine Schlaufe des Tuches, gemeinsam machen sie Wellen. Die Kinder dürfen auf dem Schwungtuch und zwischen den Wellen und den Luftballons hin- und herkrabbeln und -laufen.

Varianten ab 2 Jahren

1. Möglichkeit: Alle stehen im Kreis. Die Eltern befestigen die Schnur am aufgeblasenen Ballon. Jeder erhält einen Luftballon. Das nachfolgende Spiel wird gespielt:

Luftballon, Luftballon, *flieg mir bitte nicht davon.*	Den Ballon in der Mitte der Schnur anfassen und hin- und herschwingen.
Bist so rund und wunderschön *und ich freu mich, dich zu seh'n.*	Den Ballon mit den Fingerkuppen antippen.
Luftballon, Luftballon, *flieg mir bitte nicht davon.*	Laufen im Kreis.

Alle Kinder stehen auf und laufen mit dem Ballon durch den Raum. Die Kinder genießen es, wie der Ballon hinter ihnen herfliegt.

Eigenständig werden Klanghölzer aus der Kiste genommen

2. Möglichkeit: Die Klangstäbe D1, E1, Fis1, A1, H1 werden unter den Kindern verteilt. Die Kinder spielen, wie sie möchten, d.h. sie improvisieren auf den Klangstäben. Keiner kann etwas falsch machen, alles klingt gut! Alle singen das Luftballonlied dazu.

Forschergeist am Instrument

Auch die ***Handhabung der Musikinstrumente erfordert viel Bewegungsplanung.*** *Hierbei sollten die Kinder immer wieder die Möglichkeit erhalten, auf eigene Entdeckungsreise zu gehen, damit sie den kreativen Umgang mit den Instrumenten erlernen können.*

Alter: ab 9 Monaten
Instrumente: Schlägel, Klanghölzer und -stäbe, Glöckchen, Chicken Eggs, Rasseln, Zimbeln (alternativ: Unterlegscheiben als Zimbelersatz), jeweils in der Anzahl der Kinder; evtl. ein Klavier

Anregung

Die Instrumente werden von der Spielleitung in eine Kiste gelegt. Die Kiste wird in die Mitte des Raumes gestellt. Die Kinder werden eingeladen, sich ein Instrument aus der Kiste zu nehmen. Eigenständig erforschen sie ihr Instrument und entdecken verschiedene Möglichkeiten, Klänge darauf zu erzeugen.

Variante

Die Spielleitung stellt drei bis vier unterschiedliche Instrumentengruppen zusammen und legt sie in verschiedenen Raumbereichen aus:

- Die Kinder krabbeln oder laufen je nach Alter von Gruppe zu Gruppe, um die verschiedenen Instrumente zu erforschen.
- Von Zeit zu Zeit stimmt die Spielleitung ein bekanntes Lied am Klavier an, das durch seinen Rhythmus gut für das Instrumentalspiel geeignet ist, z. B. „*Grün, grün, grün*" (s. S. 90), und die Kinder zur musikalischen Improvisation inspiriert.

Seht, was ich im Stalle find'

Nr. 41

Text und Musik: Kristina Hansen

Ein Kleinkind, das vor einer Weihnachtskrippe steht, sagt sofort: „Baby". Dieses pentatonische Weihnachtslied thematisiert auf einfachste Weise das Urbild der Christnacht: Vater, Mutter und Kind im Stall, die Sterne und Engel am Himmel sowie die Schafe und Hirten auf der Weide.

Alter: ab 1 Jahr
Tonart: pentatonisch
Taktart: 3/8-Takt
Instrumente: evtl. Klangstäbe oder 1 Xylophon (D1 und H1, D1 und G1, A1 und D2), 1 Triangel
Material: evtl. 2 × 3 m breites Tuch, 1 blickdichtes Tuch zum Abdecken der Instrumente, 1 Chiffontuch pro Teilnehmer

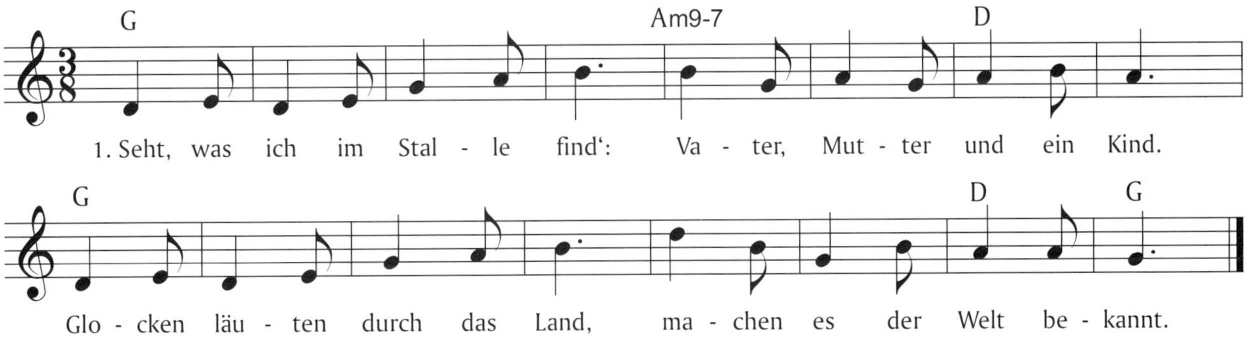

2. Seht, was ich am Himmel find':
Sterne leuchten für das Kind.
Klingen, singen durch das Land,
machen es der Welt bekannt.

3. Seht, was auf dem Feld ich find':
Schafe hier und Hirten sind.
Engel singen durch das Land,
machen es der Welt bekannt.

Anregung für Eltern-Kind-Gruppen

Das Kind sitzt auf dem Schoß eines Elternteils und wird sanft hin- und hergeschaukelt.

- Die Eltern singen das Lied.
- Sie stehen mit dem Kind auf und tanzen singend im Wiegeschritt durch den Raum.

Variante ab 2 Jahren

Vor der Stunde legt die Spielleitung die Klangstäbe oder ein Xylophon auf ein Tablett und breitet ein Tuch darüber aus. Die Kinder versammeln sich um das ausgebreitete Tablett.

- Jedes Kind darf einmal unter das Tuch spingsen, eines der Kinder zieht es weg.
- Die Klangstäbe werden an sechs Kinder verteilt. Diese Kinder dürfen die Klangstäbe vorab kurz ausprobieren.
- Alle anderen singen die erste Strophe: *„Seht, was ich im Stalle find' …"*
- Die Instrumentalisten begleiten es mit den Klangstäben.
- Die Instrumente werden weitergereicht. Diese Strophe wird mehrfach wiederholt.

Variante ab 3 Jahren

Ein großes Tuch wird in der Raummitte ausgebreitet. Jedes Kind erhält zudem ein kleines Chiffontuch.

- Die Spielleitung nimmt die Triangel in die Hand und spielt und singt die zweite Strophe des Liedes.
- Die Kinder tanzen als „Sterne am Himmel" über das Tuch.
- Die Sterne tanzen nur, solange die Triangel spielt, wenn sie verstummt, gehen die Sterne schlafen und ruhen sich auf dem großen Tuch aus, bis die Triangel wieder erklingt.

Alternativ kann der Part des Triangelspielens auch von einem Teil der Kinder übernommen werden. Die Kinder tauschen dann des Öfteren die Rollen.

Das Spielen auf pentatonischen Instrumenten macht auch ohne Musikkenntnisse Spaß

Ein kleiner tanzender Stern

Äuglein zu

Nr. 26

Text und Musik: Kristina Hansen

Den Wechsel zwischen Tag und Nacht, Wachen und Träumen erlebt das Kind täglich. Es braucht zum Einschlafen das Vertrauen, dass jemand über es wacht und freut sich beim Aufwachen auf den neuen Tag und alles, was es zu entdecken gilt. Das Schlaflied hilft dem Kind, den Tag-Nacht-Rhythmus spielerisch zu verarbeiten.

Alter: ab 18 Monaten
Tonart: D-Dur
Taktart: $^4/_4$-Takt
Material: mind. 1 Kissen pro Kind

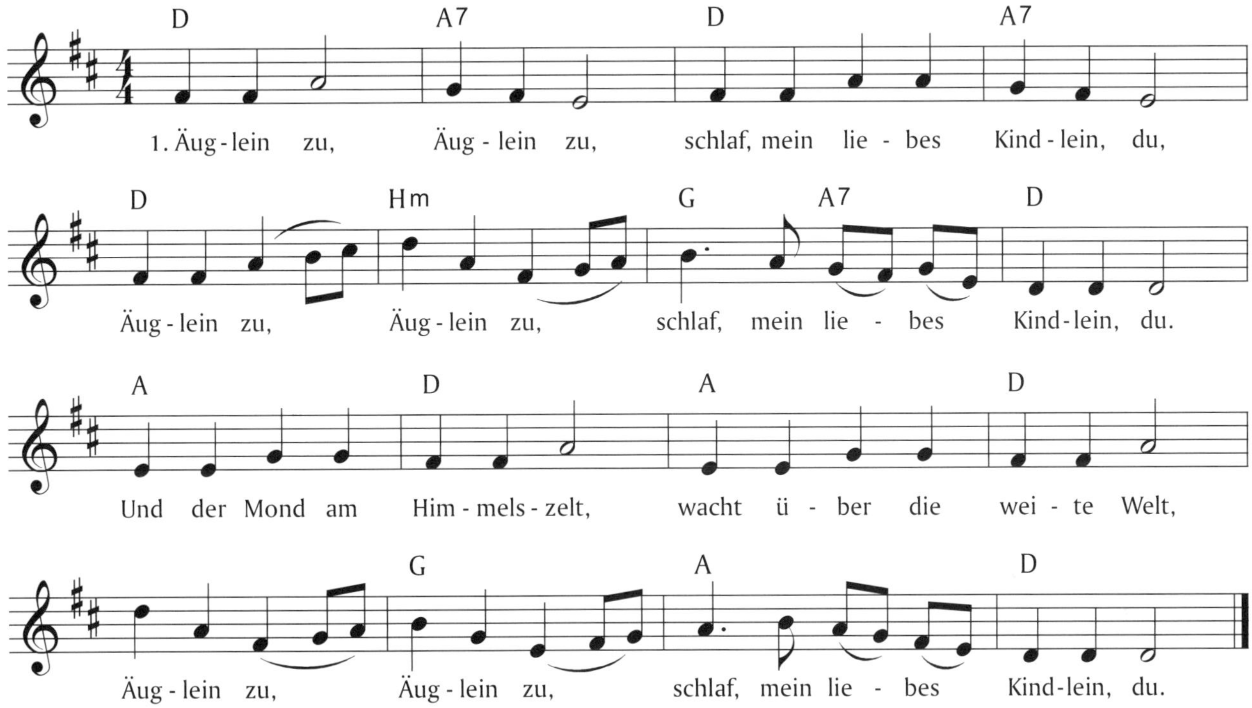

2. Äuglein auf, Äuglein auf,
jetzt beginnt der Tageslauf.
Äuglein auf, Äuglein auf,
jetzt beginnt der Tageslauf.

Und die Sonne scheint so schön,
da können wir spazieren gehen.
Äuglein auf, Äuglein auf,
jetzt beginnt der Tageslauf.

3. Äuglein zu, Äuglein zu,
schlaf, mein liebes Kindlein, du,
Äuglein zu, Äuglein zu,
schlaf, mein liebes Kindlein, du.

Sterne hoch am Himmelszelt
wachen über diese Welt,
Äuglein zu, Äuglein zu,
schlaf, mein liebes Kindlein, du.

Anregung

1. Schritt: Jedes Kind erhält mindestens ein Kissen, um sich darauf auszuruhen. Die erste Strophe des Liedes wird mehrfach gesungen.

2. Schritt: Alle stapeln die Kissen gemeinsam zu einem großen Kissenberg. Das ist das Haus. Die Kinder laufen über die Kissen, was eine wackelige Angelegenheit ist, und sammeln dabei eine Fülle an Gleichgewichtserfahrungen.

- Die erste Strophe wird gesungen: Die Kinder ruhen sich auf dem Kissenberg aus.
- Die zweite Strophe wird gesungen: Die Kinder laufen auf dem Kissenberg herum.
- Die dritte Strophe wird gesungen: Es ist wieder Ruhezeit.

Variante ab 2 Jahren

Alle stapeln die Kissen gemeinsam zu einem großen Kissenberg:

- Die erste Strophe wird gesungen: Die Kinder ruhen sich auf dem Kissenberg aus.
- Die zweite Strophe wird gesungen: Die Kinder verlassen den Kissenberg und bewegen sich dem nachfolgenden Text entsprechend um den Kissenberg: „*Äuglein auf, Äuglein auf, wir tanzen .../laufen .../schleichen .../hüpfen ... durch den Tageslauf.*“
- Die dritte Strophe wird gesungen: Die Kinder ruhen sich auf dem Kissenberg aus.
- Die zweite und dritte Strophe werden so lange wiederholt, wie die Kinder das Spiel spielen möchten.

Auf der grünen Wiese

Text und Musik: überliefert

Die meisten Kinder finden Karussellfahren wunderbar. Leider ist viel zu selten Gelegenheit dazu. Aber manchmal sind Eltern ein ganz passabler Ersatz.

Alter: ab 1 Jahr
Tonart: G-Dur
Taktart: 4/4-Takt
Material: evtl. Schwungtuch (ø 6 m)

Unter einem bunten Himmel

Anregung für Eltern-Kind-Gruppen

Alle stehen im Kreis und fassen sich an den Händen. Sie singen das Lied und führen dabei die beschriebenen Aktionen aus:

Auf der grünen Wiese *steht ein Karussell,* *manchmal fährt es langsam,*	Alle gehen langsam im Kreis.
manchmal fährt es schnell.	Alle laufen schnell im Kreis.
Einsteigen,	Die Eltern greifen die Kinder von hinten unter die Arme und halten sie gut fest.
anschnallen, *haltet euch gut fest!*	Symbolisches Anschnallen.
Alle fliegen mit dem Karussell!	Die Eltern drehen die Kinder um ihre Achse.

Variante ab 3 Jahren

Alle stehen im Kreis. In der Mitte ist ein Schwungtuch aufgespannt, das alle anfassen. Alle bewegen sich im Uhrzeigersinn im Kreis. Sie singen das Lied und führen dabei die beschriebenen Aktionen aus:

Auf der grünen Wiese	Alle gehen im Kreis.
steht ein Karussell,	
manchmal fährt es langsam,	
manchmal fährt es schnell.	Alle laufen im Kreis.
Einsteigen, anschnallen,	Alle bleiben stehen.
haltet euch gut fest!	
Alle fliegen mit dem Karussell!	Das Schwungtuch wird über längere Zeit nach oben und nach unten geschwungen.

Einzelne Kinder und Erwachsene laufen während des Auf- und Niederschwingens unter dem Schwungtuch hindurch.

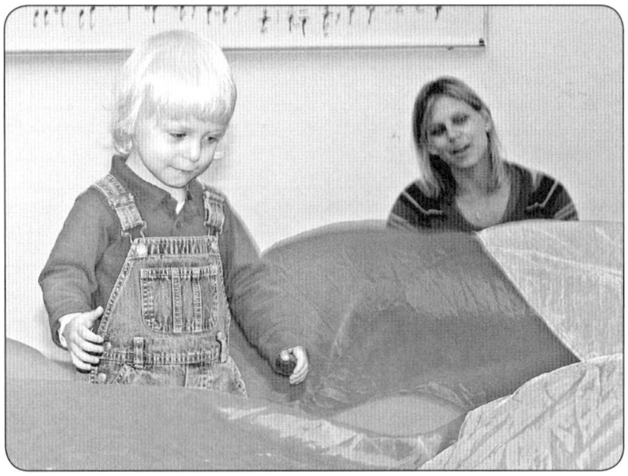

Wie komme ich durch die Wellen?

Anregung

Die Spielleitung legt eine CD mit einem ruhigeren Instrumentalstück auf. Alle sitzen am Boden und fassen das Schwungtuch an. Durch Armbewegungen bilden sie Wellen, die der Intensität der Musik entsprechen. Die Kinder krabbeln oder laufen – je nach Entwicklungsstand – über das Schwungtuch und trainieren, ihr Gleichgewicht zu halten.

Schwungtuchspiel

Ein Schwungtuch, das auf dem Boden liegt, sieht so wunderbar weich aus, besonders, wenn sich Luftblasen bilden. Anders als bei Kissen fallen die Kinder hier aber nicht weich, worauf sie sich erst einstellen müssen. Beim Krabbeln oder Laufen über die Luftblasen ist der ganze Gleichgewichtssinn der Kinder gefordert.

Alter: ab 9 Monaten
Material: Schwungtuch, 1 ruhiges Musikstück von der CD

Das Gleichgewicht üben

Miau, miau, liebes Kätzchen

Nr. 24

Text und Musik: Kristina Hansen

Kätzchen sind Sympathieträger: kuschelig weich und lieb. Allerdings können sie mitunter auch ziemlich ihre Krallen ausfahren! Kleinkinder genießen unterschiedliche taktile Stimulationen durch die Bezugsperson und die Bewegungsspiele (Laufen, Schleichen, Kratzen, Tanzen). Die größeren Kinder sehen Katzen zudem als Identifikationsobjekt, um spielerisch Gefühle auszuagieren.

Alter: ab 15 Monaten
Tonart: D-moll
Taktart: 4/4-Takt

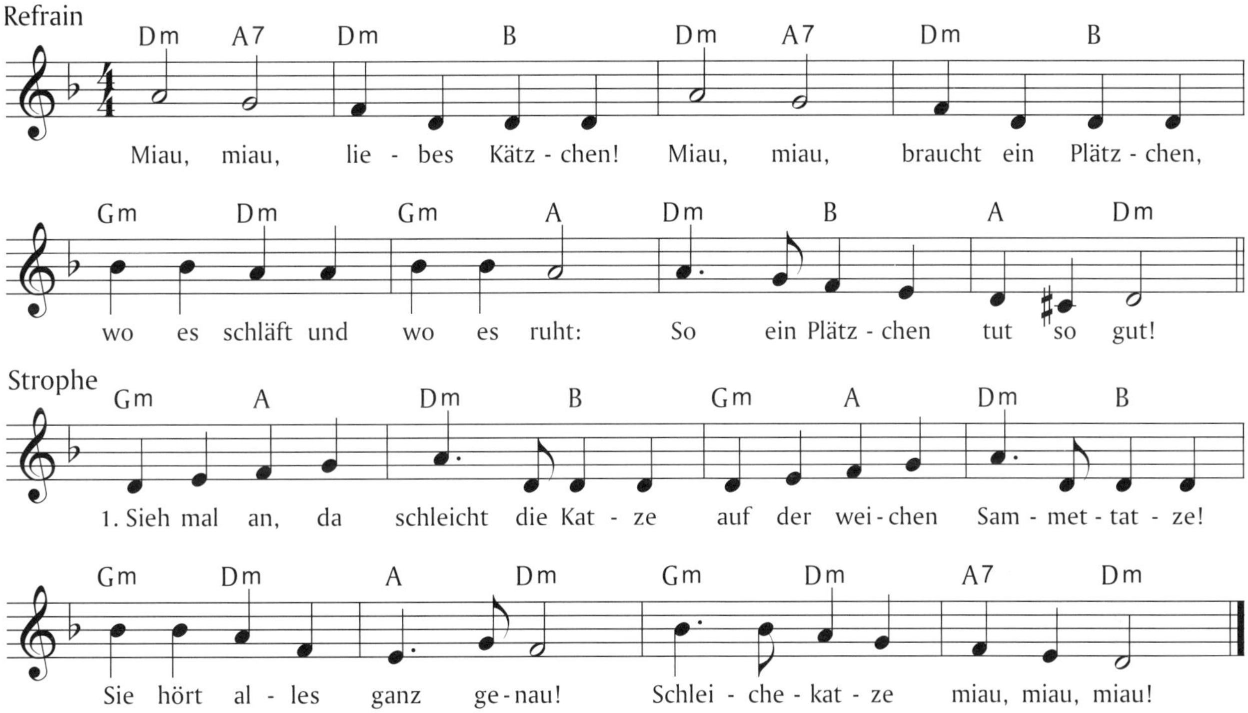

2. (Refrain)
Sieh mal an, da kratzt die Katze
mit der kleinen Krallentatze!
Sie hört alles ganz genau!
Kratzekatze, miau, miau, miau!

3. (Refrain)
Sieh mal an, da flitzt die Katze
auf der weichen Sammettatze!
Sie hört alles ganz genau!
Flitzekatze, miau, miau, miau!

4. (Refrain)
Sieh mal an, da tanzt die Katze
auf der weichen Sammettatze!
Sie hört alles ganz genau!
Tanzekatze, miau, miau, miau!

Anregung

Alle Kinder suchen sich ein gemütliches Plätzchen, singen das Lied und probieren folgende Aktionen dazu aus:

- Zum Refrain kuscheln alle miteinander und ruhen sich aus.
- Während der ersten Strophe schleichen alle durch den Raum.
- Während der zweiten Strophe fahren die Kinder ihre Krallen aus und kratzen auf verschiedene Art und Weise (auf dem Fußboden, an sich selbst, an anderen).
- Während der dritten Strophe flitzen alle durch den Raum.
- In der vierten Strophe tanzen alle im 3⁄4-Takt durch den Raum (zu hören auf CD).

Klatsch, klatsch, klatsch im Klackermatsch

Nr. 30

Text und Musik: Kristina Hansen

Kleinkinder lieben es, unterschiedliche Bewegungsarten auszuprobieren. Es ist nicht einfach, alle diese schweißtreibenden Aktionen auszuführen und gleichzeitig zu singen. Zur Unterstützung des Spiels sollte möglichst die Version auf CD abgespielt werden.

Alter: ab 15 Monaten
Tonart: F-Dur
Taktart: 4⁄4-Takt

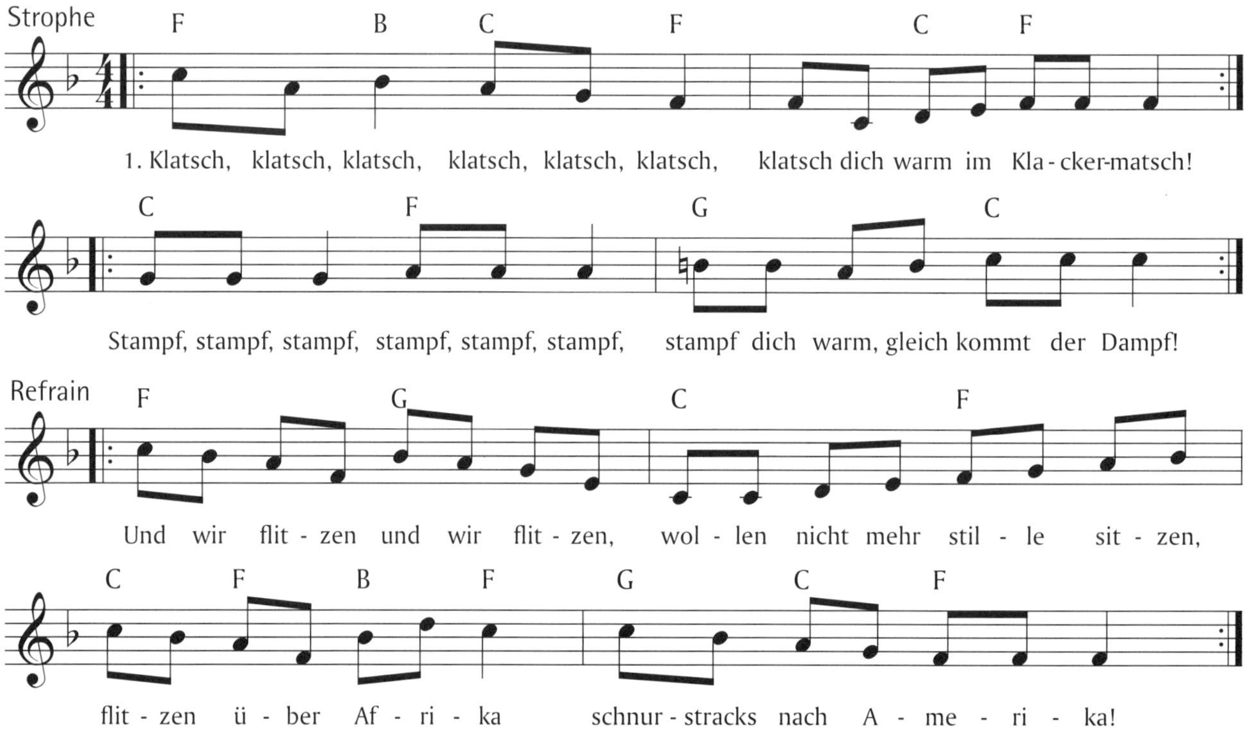

Anregung

Die ganze Gruppe steht im Kreis und bewegt sich dem Liedtext entsprechend:

1. Klatsch, klatsch, klatsch, klatsch, klatsch, klatsch,	Klatschen.
klatsch dich warm im Klackermatsch!	
Stampf, stampf, stampf, stampf, stampf, stampf,	Stampfen.
stampf dich warm, gleich kommt der Dampf!	
Und wir flitzen und wir flitzen,	Im Raum umherflitzen.
wollen nicht mehr stille sitzen,	
flitzen über Afrika	
schnurstracks nach Amerika!	
2. Dreh im Kreis, dreh im Kreis,	Drehen.
dreh im Kreis, gleich ist dir heiß!	
Sag „Hallo", sag „Hallo",	Alle treffen sich in der Kreismitte
dich zu sehen, macht mich froh!	und begrüßen sich.
(Refrain) Und wir flitzen …	Im Raum umherflitzen.
3. Hüpf herum, hüpf herum,	Hüpfen.
hüpf herum, ja dideldum!	
Auf die Zeh'n, auf die Zeh'n,	Auf den Zehen gehen.
tippelnd auf die Reise gehen!	
(Refrain) Und wir flitzen …	Im Raum umherflitzen.
5. Schaukel hin, schaukel her,	Schaukeln.
schaukel über's weite Meer!	
Hackenschritt, Hackenschritt,	Auf den Hacken gehen.
ich verreise, kommst du mit?	
(Refrain) Und wir flitzen …	Im Raum umherflitzen.

Die häufigen Wiederholungen sind dem Alter der Kinder angemessen. Sie brauchen viel Zeit zum Schauen und Nachmachen.

Mühle, Mühle, lauf, lauf, lauf

Text und Musik: überliefert

Sobald die Kinder etwas Übung mit der ***Bewegungsplanung*** *haben, stellt das Hinfallen eine neue Herausforderung dar. Das Kind gibt bewusst und mit Spaß sein Gleichgewicht auf. In dem traditionellen Kinderlied wird dies spielerisch geübt.*

Alter: ab 15 Monaten
Tonart: Es-Dur
Taktart: 4/4-Takt
Material: evtl. Klanghölzer

Anregung

1. Durchgang: Alle fassen sich an den Händen und pusten, ohne Wind kann die Mühle sich sonst gar nicht drehen! Sie führen folgende Aktionen durch:

Mühle, Mühle, lauf, lauf, lauf, *am Morgen wacht der Müller auf.*	Alle laufen im Kreis.
Macht der Müller pum, pum, pum,	Alle bleiben stehen und stampfen mit den Füßen.
fällt die ganze Mühle um.	Umfallen.
Kommt der Trecker angeschnauft,	Mit den Handflächen auf den Boden patschen.
steht die Mühle wieder auf.	Aufstehen.

Spiel mit Klanghölzern

2. Durchgang: Es ist Sturm angesagt! Alle pusten aus Leibeskräften!

3. Durchgang: Dann ist der Wind wieder weg. Alles ist ganz leise!

Variante ab 1 Jahr

Alle Kinder begleiten das Lied individuell mit ihren Klanghölzern.

Lernphase: Imitation (1½ bis 3 Jahre)

Singen und Spielen erfordern ein hohes Maß sensorischer Integration und Audiation

Imitation bedeutet hier die echohafte Nachahmung des Gehörten. Das Kind nimmt mit Bewusstsein am musikalischen Geschehen teil und übt sich im Nachsingen der Lieder, geht dabei allerdings eher spontan als unterscheidend vor. Das Nachsingen hat dabei den Charakter eines Echos, was vor allem daran deutlich wird, dass oft ausschließlich Schlusstöne nachgesungen werden. Die Imitation vollzieht sich in zwei Phasen:

- **Ablegen der Egozentrizität**

Das Kind überwindet seine ausschließliche **Ich-Bezogenheit.** Es vergleicht die eigenen mit den anderen musikalischen Äußerungen und merkt, dass es seinen Gesang an den der anderen angleichen muss, damit er zu ihrem passt.

- **Knacken des Codes**

Es handelt sich hier um den Versuch der **Imitation des Gehörten.** Das kann sich auf ein Wort, einen Ton oder eine Bewegung beziehen. Meist wird zunächst die Bewegung, die zu einem Lied gehört, imitiert, da das Gedächtnis als Erstes die Bewegung speichert. Wörter oder gesangliche Passagen, die durch Betonung oder besondere Höhe oder Tiefe herausragen, werden wiederholt. Auch Schlusstöne werden imitiert, bevor ein Kind ganze Passagen nachsingen kann.

Es darf einen nicht verwundern, wenn die Kinder zunächst im Unterricht wenig singen. Meist finden diese ersten Versuche zu Hause in „sicherer“ Umgebung statt. Oft singen Kinder auch zusammengesetzte Liedfetzen aus verschiedenen Liedern. Sie „komponieren“ aus dem Gehörten ihr eigenes Lied. Im Normalfall kann im Übrigen davon ausgegangen werden, dass ein Kind, das singt, sich sehr wohl in seiner Haut fühlt und ganz eins mit sich und seiner Umgebung ist. Um dieses Wohlfühlen zu fördern, sollte die Unterrichtsatmosphäre angenehm und positiv sein, damit Kinder sich trauen, sich musikalisch zu äußern.

Gordon ist der Ansicht, dass Kinder im Alter zwischen 2 bis 4 Jahren (ggf. auch bis 5 Jahre) dieser Phase angehören. Die Unterrichtspraxis hat aber gezeigt, dass das musikalische Imitieren bei einigen Kindern schon mit 18 Monaten beginnt. Im Mittelpunkt dieser Phase stehen:

- **Sprache** und das **Sprechenlernen**
- **Auge-Hand-Koordination** und das **zielgerichtete Handeln**

Das Sprechenlernen

Damit Kinder mit dem Sprechen beginnen, bedarf es insbesondere folgender sensorischer Erfahrungen:

- **Gleichgewichtsstimulierung** im Sprachzentrum des Gehirns
- **Hören** des sprachlichen Klanges und der Wörter

Außerdem muss das Körperschema gut entwickelt sein, damit ein Kind sich artikulieren kann. Dazu muss das Kind sehr genau über die unzähligen Gesichtsmuskeln verfügen können. Die Fernsinne verknüpfen sich immer intensiver mit den Basissinnen.

Wissenswertes über das Sprechenlernen!

- Mit einem halben Jahr erkennen die Babys schon den **Klang ihrer Muttersprache** und unterscheiden ihn von anderen Sprachen.
- Über die **Intonation und Satzbetonung** lernen sie viel über die Grammatik einer Sprache und welche Wörter wichtig sind. Deshalb sprechen die meisten Menschen auch in einer sehr viel klangvolleren und intonatorisch reicheren Sprache mit Babys als im Alltag. **Hohe Töne und Frequenzen regen die Gehirntätigkeit an, weil sie aufmerksam machen.**
- **Bewegungen erregen Aufmerksamkeit**, deshalb sind auch die ersten Wörter eines Babys außer *„Mama"* und *„Papa"* Wörter wie *„Ball", „Auto", "wau wau"* oder auch *„aus", „auf", „zu";* also Wörter, die eine Veränderung und Bewegung beschreiben.
- Die ersten Wörter werden **„Einwortsätze"** genannt. Dabei kann etwas ganz anderes gemeint sein, als das Wort ausdrückt. Oft haben sie auffordernden oder hinweisenden Charakter. *„Mama"* kann heißen: *„Nun gib mir doch endlich etwas zu trinken!"* oder *„Mama ist endlich nach Hause gekommen".*
- An die Phase der Einwortsätze schließt eine Phase der Zweiwortsätze an. Sobald ein Kind in etwa **50 Wörter kennt,** beginnt es, **sich in satzähnlichen Gebilden auszudrücken.** Spätestens mit drei Jahren sollte ein Kind zu reden begonnen haben. Ist das nicht der Fall, sollte es vorsichtshalber einem Fachmann vorgestellt werden.
- Kinder, die viel mit ihren Eltern getanzt und geschaukelt haben, die singend in den Schlaf gewiegt wurden, die Schiffslieder gesungen haben, denen mit Kniereitern, schiefen Ebenen und wackeligen Untergründen die Möglichkeit gegeben wurde, so viel ***„Gleichgewichtsnahrung"*** wie möglich zu sich zu nehmen (Kiesling 2003, 17), haben es in der Regel leichter beim Sprechenlernen.

Lieder mit einfachen Silben wie *„ticke tacke" (Große Uhren,* s. S. 88) oder *„quaaack, quaaack, quaaack" (Der Frosch,* s. S. 33) erfreuen Kinder immer wieder. Diese Silben sind meist leicht zu imitieren. Außerdem machen sie auch den Erwachsenen Spaß, was dazu führt, dass sie mit besonderer **Intonation** gesprochen oder mit viel Ausdruck gesungen werden. Das wirkt sich positiv auf das Sprechenlernen der Kinder aus.

Tuchversteck

Ein versteckter Gegenstand unter einem Tuch macht neugierig. Wird er danach benannt, wird das Kind das Wort imitieren. Ebenso ist es, wenn ein Wort in einem Text oder Lied ausgelassen wird, das die Kinder gerade lernen. Die Auslassung lenkt ihre Aufmerksamkeit auf das Wort.

Alter: ab 18 Monaten
Material: 1 blickdichtes Tuch, 1 Ball o. Ä.

Anregung

Die Spielleitung spielt mit einem Kind das folgende Ballspiel:

- Sie lässt den Ball unter ein Tuch rollen.
- Sie macht mit hoher Stimme und betont: *„Oh?“*
- Das Kind sucht den Ball unter dem Tuch.
- Sobald er wieder sichtbar ist, sagt die Spielleitung: *„Ball“*.

Beim zweiten Mal spricht die Spielleitung das Wort mit hoch aufsteigender Intonationskurve. Bei der dritten Wiederholung macht sie eine kurze Pause vor dem Wort und blickt das Kind an: Häufig sagen Kinder das Wort dann ganz von allein.

Mein Ball, der rollt

Text und Musik: überliefert

Die Auge-Hand-Koordination kann besonders effektiv durch das Greifen nach etwas, das sich bewegt, trainiert werden.

Alter: ab 18 Monaten
Tonart: D-Dur
Taktart: 4/4-Takt
Material: Igel-, Schaumstoff- oder Tennisbälle mindestens in der Anzahl der Teilnehmer

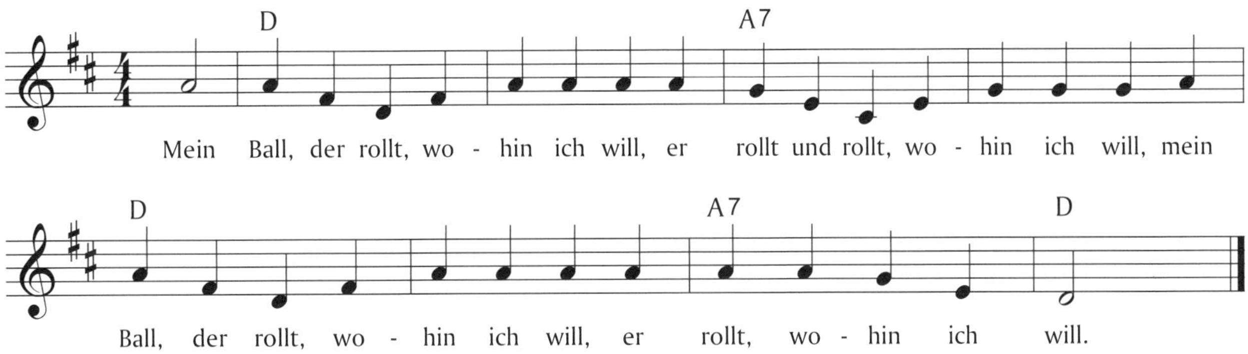

Anregung

Die Teilnehmer sitzen mit gespreizten Beinen auf dem Boden. Die Spielleitung lässt die Bälle einzeln in die Gruppe rollen, bis alle Bälle verteilt sind. Alle singen nun das Lied *„Mein Ball, der rollt“*, dabei bleiben die Bälle ständig in Bewegung. Es sollte darauf geachtet werden, dass alle Kinder angespielt werden.

Große Uhren

Text und Musik: überliefert (Bearbeitung: Kristina Hansen)

Um sich schaukelnd von einem Bein auf das andere zu bewegen, braucht es ein gutes Gleichgewichtsgefühl. Die allerersten Stimulationen und Informationen für das Kind sind hier das Schaukeln auf dem Arm der Eltern. Später lernt das Kind Schritt für Schritt, diese Aktion selbst auszuführen: sitzend, auf Mamas Füßen und dann allein.

Alter: ab 18 Monaten
Tonart: D-Dur
Taktart: 4/4-Takt

Schaukeln auf Mamas Arm oder auf Mamas Füßen, Schaukeln üben alleine, aber geschaukelt werden, ist immer noch am schönsten

Anregung für Eltern-Kind-Gruppen

Alle Gruppenmitglieder stellen sich im Kreis auf und spielen folgendes Spiel:

Große Uhren machen tick tack, tick tack.	Langsames Schaukeln von einem Bein auf's andere.
Kleine Uhren machen ticke tacke, ticke tacke	Schneller werden.
und die kleinen Taschenuhren:	Auf der Stelle laufen.
ticke ticke … tick!	
Und die Kirchenglocken machen bim bam, bim bam.	Die Kinder hochheben und schwingen lassen.
Und die Kuckucksuhren machen kuckuck, kuckuck.	Die Augen mit den Händen verstecken.
Und die Sonnenuhren sind ganz still.	Alle hocken sich hin und halten den Finger auf den Mund.
Und die Wecker machen: Brrrrrr!!!	Die Kinder durchkitzeln!

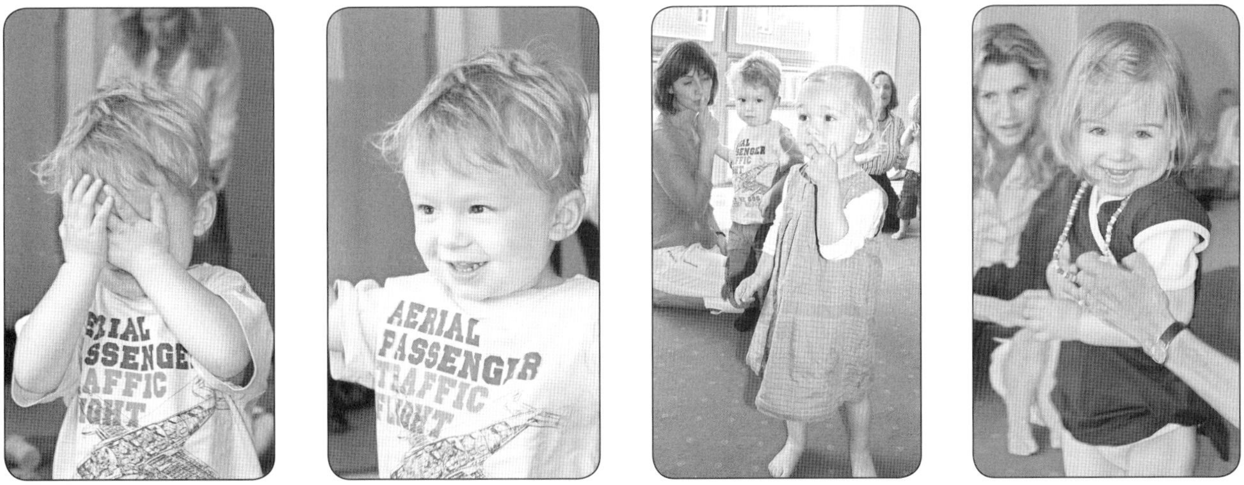

„Ich bin weg!", „Kuckuck, da bin ich wieder!", „Und die Sonnenuhren sind ganz still", „Und die Wecker machen: Brrrr!!!"

Grün, grün, grün

Text und Musik: überliefert

Dieses Volkslied eignet sich hervorragend zum Farbenlernen. Nebenbei nehmen die Kinder sehr viel „Gleichgewichtsnahrung“ zu sich (Kiesling 2003, 17), wenn sie über die Luftblasen des Schwungtuches laufen.

Alter: ab 2 Jahren
Tonart: G-Dur
Taktart: 4/4-Takt
Material: Schwungtuch

2. Rot, rot, rot sind alle meine Kleider,
rot, rot, rot ist alles, was ich hab.
Darum lieb ich alles, was so rot ist,
weil mein Schatz ein Feuerwehrmann ist.

3. Blau, blau, blau sind alle meine Kleider,
blau, blau, blau ist alles, was ich hab.
Darum lieb ich alles, was so blau ist,
weil mein Schatz ein Seemann, Seemann ist.

4. Gelb, gelb, gelb sind alle meine Kleider,
gelb, gelb, gelb ist alles, was ich hab.
Darum lieb ich alles, was so gelb ist,
weil mein Schatz ein Postmann, Postmann ist.

5. Bunt, bunt, bunt sind alle meine Kleider,
bunt, bunt, bunt ist alles, was ich hab.
Darum lieb ich alles, was so bunt ist,
weil mein Schatz ein Malermeister ist.

Anregung

Die Teilnehmer werden in zwei Gruppen aufgeteilt: Eine Gruppe sitzt im Kreis um das am Boden liegende Schwungtuch herum und hält es an den Schlaufen fest. Sie sind die **Wellenmacher**. Die andere Gruppe spaziert auf dem Tuch, während die Wellenmacher das Tuch bewegen. Sie sind die **Wellentreter**. Das Wellentreten macht den Kindern meist sehr viel Spaß.

Alle singen das Lied. Sobald die erste Strophe zu Ende gesungen wurde, werden die **Wellentreter** aufgefordert, sich auf das Kuchenstück des Tuches zu setzen, das die entsprechende Farbe der Strophe hat.

Alle Farben des Schwungtuches werden einmal durchgespielt. Dann tauschen die Gruppen.

Mein Häuschen

Nr. 8

Text und Musik: Kristina Hansen

Ein Kissenhaus zu bauen, ist eine wunderbare Übung, um den ***Gleichgewichtssinn*** *und die* ***Tiefenwahrnehmung*** *der Kinder zu trainieren: Sie stapeln hohe Kissenberge auf, krabbeln und wühlen sich hindurch und kuscheln sich zwischendurch immer wieder in die Kissen hinein.* ***Das freie Spiel*** *fördert nicht nur die Fantasie und Kreativität. Je bewegungsfreudiger die Kinder sind, desto mehr Sinnesinformationen sammeln sie, denn die rutschigen Kissen und das Besteigen des Kissenberges sind wunderbar für die Empfindungswahrnehmung. Intensives Toben erwünscht!*

Alter: ab 2 Jahren
Tonart: Wechsel von G-Dur nach g-Moll
Taktart: 4/4-Takt
Instrumente: evtl. Gitarre oder Flöte
Material: viele Kissen, 1 ruhiges und ein fröhliches Musikstück

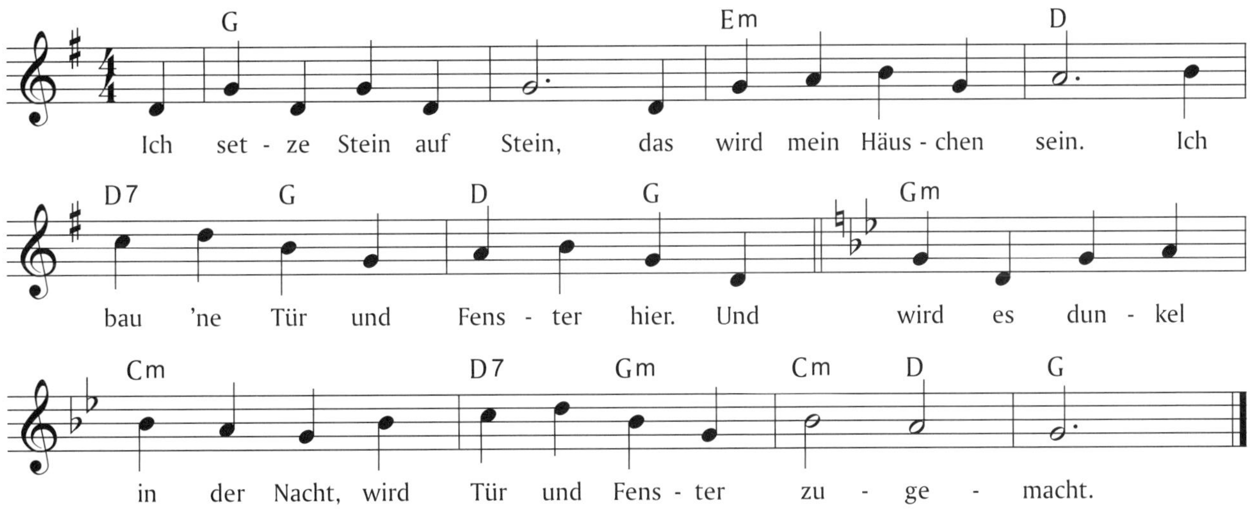

Anregung

Im folgenden Spiel geht es darum, ein **Rätsel** zu lösen. Die Kinder versammeln sich bei der Spielleitung.

1. Durchgang: Die Spielleitung beginnt stumm mit folgenden Gesten:

Ich setze Stein auf Stein,	Die rechte und linke Faust abwechselnd übereinanderschichten.
das wird mein Häuschen sein.	Mit beiden Händen ein Dach über dem Kopf formen.
Ich bau 'ne Tür	Mit dem Zeigefinger eine Tür in die Luft malen.
und Fenster hier.	Beide Handflächen unter das Kinn stützen.
Und wird es dunkel in der Nacht,	Die Unterarme und Hände parallel neben das Gesicht halten.
wird Tür und Fenster zugemacht.	Die Augen mit den Händen abschirmen.

2. Durchgang: Die Spielleitung führt den Text zur eigenen Pantomime bruchstückartig auf. Die Wörter *„setze“*, *„Stein“*, *„Häuschen“*, *„bau“*, *„Tür“*, *„Fenster“*, *„Nacht“* und *„zugemacht“* werden ausgelassen. Am Ende fragt die Spielleitung: *„Was könnte das wohl gewesen sein?“* Die Spielleitung gibt aber noch keine Lösung vor.

3. Durchgang: Jetzt wird der ganze Text zu den Gesten gesprochen. Die Kinder werden animiert, mitzumachen, falls sie die Pantomime noch nicht von allein imitiert haben, z.B. durch die Frage: *„Wo ist dein Haus?“*

4. Durchgang: Alle bauen mit den Kissen einen großen Berg, das Kissenhaus, und ruhen sich dort aus. Die Spielleitung summt den Kindern die Melodie des Liedes vor. Alternativ können z.B. auch leise Gitarren- und Flötenklänge oder ähnliche Musik eingespielt werden. Die Musik endet: *„Hallo, guten Morgen, kleine Schlafmützen!“* Der neue Tag kann beginnen. Alle laufen aus dem Haus.

5. Durchgang: Stopp-Tanz – die Kinder laufen zu einer fröhlichen Musik durch den Raum. Wenn diese aufhört, laufen alle wieder ins Haus zurück. Im Haus wird wiederholt das Lied *„Mein Häuschen“* gesprochen. Vor den Wörtern *„Haus“*, *„Nacht“* und *„zugemacht“* macht die Spielleitung jeweils eine kurze Pause, um sie aus den Kindern herauszukitzeln.

6. Die Folgestunde: Zu Beginn wird das Rätsel ausschließlich mit den Gesten vorgespielt. Im zweiten Durchgang ergänzen die Kinder einzelne Wörter aus der Erinnerung. Im dritten Durchgang singt die Spielleitung das Lied *„Mein Häuschen“* dazu. Die Kinder bauen erneut ein Kissenhaus.

Schärfung der Tiefenwahrnehmung durch den Kissenberg – schon bei den Kleinsten

Tausendschön

Nr. 19

Text und Musik: Kristina Hansen

Wenn es Frühling wird, sprießen die Blumen überall aus der Erde. Das Wachsen und Werden, die Entwicklung von Klein nach Groß ist etwas, das die Kinder mit großem Staunen beobachten und was sie ab einem gewissen Alter auch gern selbst spielen.

Alter: ab 2½ Jahren
Tonart: G-Dur
Taktart: Wechsel von 4/4- zu 6/8-Takt
Instrumente: 1 Bassklangstab G; evtl. 1 Gong, 1 Regenmacher
Material: 1 Topf mit einem Tausendschönchen, ein Chiffontuch pro Teilnehmer; evtl. festes Papier, Ölkreiden, Haarspray, Scheren, Kleber

2. (Refrain)
Und siehst du, es wächst und es wächst wie der Wind, es öffnet die Blüte das Tulpenkind.

3. (Refrain)
Und wenn dann zerschmilzt auch die letzte Schneeflocke, öffnet die Blüte die Osterglocke.

Anregung

1. Durchlauf: Die Kinder bilden einen Sitzkreis um die Spielleitung, die stumm folgende Pantomime vormacht:

Da steckt etwas den Kopf heraus *aus seinem kleinen Erdenhaus.*	Alle verstecken den Daumen in der geschlossenen Faust und lassen die Daumenkuppe plötzlich hervorschauen.
Die Sonne scheint heut' warm und hell,	Die andere Hand ist die Sonne.
der Blumenkopf wächst auf der Stell'.	Langsam kommt der Daumen immer weiter hoch.
Dann regnet es noch tropf, tropf, tropf *auf meinen kleinen Blumenkopf.*	Die Finger der anderen Hand berühren einzeln tropfend den Blumenkopf.
Und kannst du ihn wachsen und wachsen seh'n,	Der Daumen wächst weiter.
es öffnet die Blüte das Tausendschön.	Die Fingerkuppen aller Finger berühren sich. Der Arm wird hochgehoben und die Hand zu einer Blüte geöffnet.

2. Durchlauf: Jetzt werden alle Nomen weggelassen. Die Spielleitung fragt: *„Was war denn das?"* Die Kinder könnten auf eine Blume kommen, kennen aber keine Tausendschönchen.

3. Durchlauf: Der vollständige Text wird von allen zusammen mit den Gesten gesprochen. Die Spielleitung holt ein Tausendschönchen im Blumentopf hervor und zeigt es den Kindern.

4. Durchlauf: Jedes Kind erhält ein Chiffontuch, das unter den ausgestreckten Beinen versteckt wird. Nur ein Minizipfel schaut hervor. Die Spielleitung singt das Lied *„Tausendschön"*. Das Chiffontuch ersetzt die wachsende Daumenkuppe im Fingerspiel. Es wird immer weiter hervorgezogen, bis es ganz herausgezogen wurde, und dann kreisend zu einer Blume gelegt. Das Spiel wird mehrfach wiederholt.

Varianten ab 3 Jahren

1. Rollenspiel in Eltern-Kind-Gruppen: Die Kinder und Eltern entscheiden gemeinsam, wer die Rolle des Tausendschöns bzw. wer die Sonne und den Regen übernimmt. Die ganze Gruppe singt das Lied und die einzelnen Teilnehmer spielen dabei ihre Rolle.

2. Spiel mit Instrumenten: Die Spielleitung legt einen Gong und einen Regenmacher in die Mitte des Raumes. Der Gong symbolisiert die Sonne, der Regenmacher den Regen. Sie spielt beide Instrumente und fragt die Kinder, wonach sie klingen. Nach dem Brainstorming begleitet die Spielleitung mit dem Gong und dem Regenmacher die entsprechenden Stellen im Lied musikalisch. Die Kinder stellen die Blumen dar.

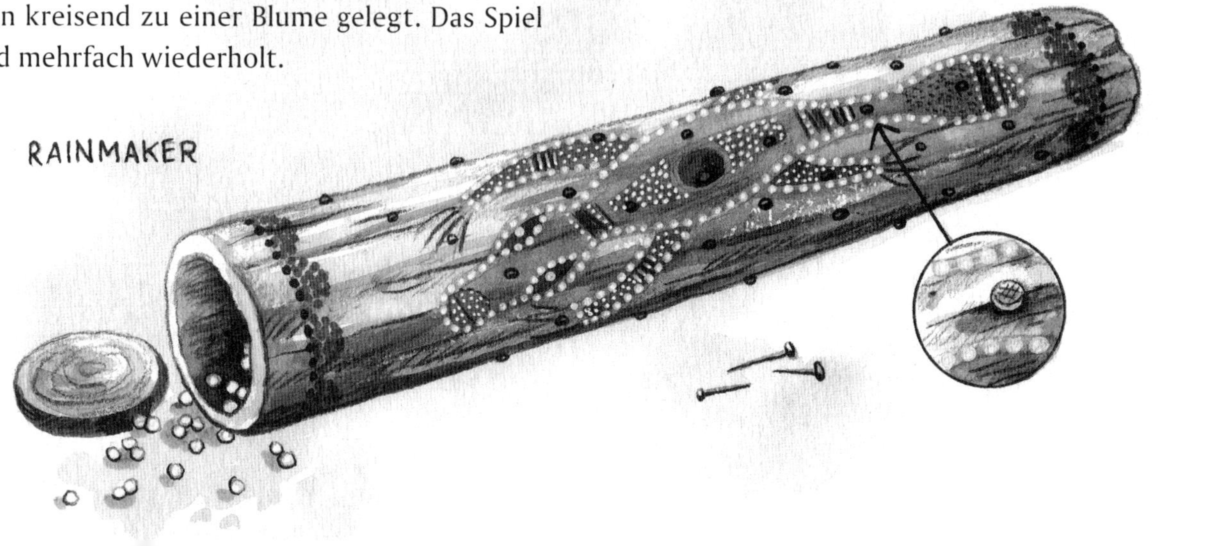

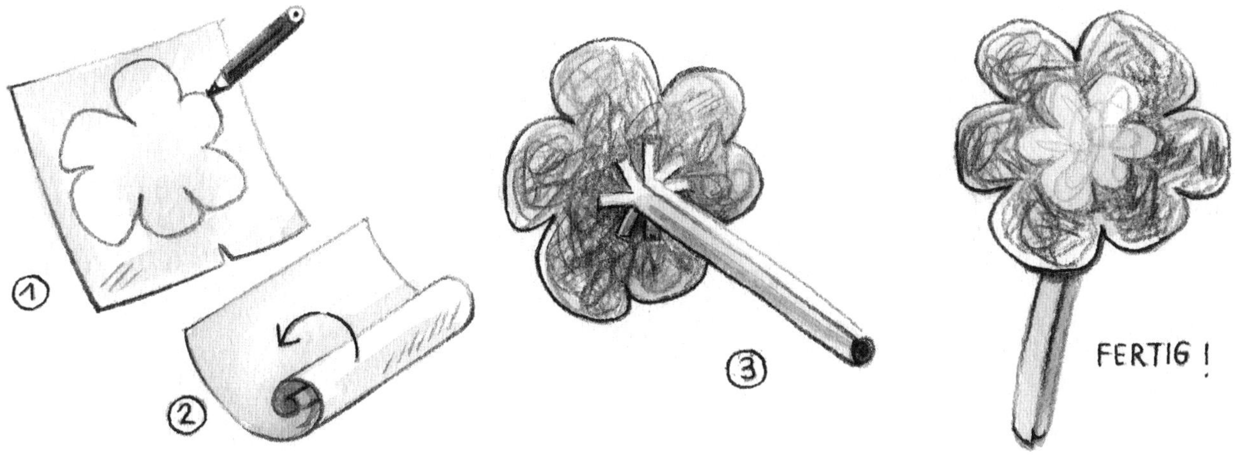

- Beim Gong, also der Sonne, freuen sich alle Blumen und strecken ihre Köpfe und Arme zur Sonne.
- Die Blüten sind aber nicht so wild auf den Regen, der schadet ihrem Kleid; deshalb schützen sie sich, wenn der Regenmacher ertönt, machen sich klein und verschränken die Arme vor der Brust.

3. Basteln und Spielen: Zunächst malen alle mit Ölkreide eine große, bunte Blumenblüte auf ein Papier. Ein viereckiges Stück festes Papier wird zu einem Stengel zusammengerollt. Das obere Ende der Rolle wird mehrere Male eingeschnitten und auseinandergedrückt. Die Blume wird auf das obere Ende der Rolle geklebt.

Alle sitzen in der Hocke auf dem Boden und singen das Lied. In der einen Hand halten die Kinder die Blume, die andere Hand spielt den Regen und die Sonne. Langsam wächst die Blume vom Boden nach oben, bis am Ende des Liedes alle Blumen stehen.

Auge-Hand-Koordination

Die Auge-Hand-Koordination setzt ein, sobald sich Vernetzungen ergeben zwischen:

- den **Empfindungen der Basissinne** und
- den **visuellen Wahrnehmungen.**

Die Kinder fangen an, zielgerichtete Handlungen durchzuführen. Sie stecken Klötze ineinander, bauen Türme, essen mit Besteck oder zeichnen. Um ihre Geschicklichkeit zu trainieren, ist es sinnvoll,

- sie nach sich bewegenden Gegenständen greifen zu lassen wie Bällen, Reifen, fliegende Tücher, Sandsäckchen oder
- sie verschiedene Instrumente spielen zu lassen, da das Schlagen eines Instruments sehr viele Informationen über die Tiefenwahrnehmung geben kann.

Die Auge-Hand-Koordination wird so auf spielerische Weise geschult.

Trippel-Trappel-Zauber

Nr. 15

Dieser Zauberspruch ist im Zusammenhang mit dem Lied „Flitzemäuse und Glitzerfische" aufzuführen. Der amtierende Zaubermeister (Gongspieler) darf alle Kinder in ein von ihm ausgesuchtes Tier verzaubern. Die Verzauberten bewegen sich dann dem Tier entsprechend durch den Raum.

Alter: ab 2 Jahren

Instrumente: 1 Gong (alternativ: 1 Triangel), 1 Schlägel

Hier zaubert eine kleine Fee!

Anregung

Die Kinder kommen zu einer Zaubergruppe zusammen. Ein Kind darf Zauberer sein. Der Zauber wird mit einem Gong- oder Triangelschlag des Zauberers eingeleitet. Verstummt der Gong, helfen alle dem Zauberer bei seinem Zauber, kreisen ihre Hände umeinander und sprechen dabei den Trippel-Trappel-Zauber:

Trippel Trappel, groß und klein,
ihr sollt alle Flitzemäuse sein!

Bei dem Wort *„alle"* verstummt die Gruppe und lauscht, welche Verzauberung sich der Zauberer für sie ausgedacht hat. Alle Kinder bewegen sich verzaubert im Raum und singen das nachfolgende Lied *„Flitzemäuse und Glitzerfische"*, während der Zauberer auf seinem Instrument dazu spielt.

Flitzemäuse und Glitzerfische

Nr. 16

Text: Kristina Hansen, Musik: überliefert

Dieses dorische Volkslied stammt aus England und ist jedem als „What shall we do with the drunken sailor“ bekannt. Es lässt sich leicht auf verschiedene Tiere umdichten und kann so zu tierischen Großbewegungen animieren. Das Lied eignet sich auch gut in Kombination mit dem vorangehenden Spiel „Trippel-Trappel-Zauber“.

Alter: ab 2 Jahren
Tonart: dorisch
Taktart: 4/4-Takt
Instrumente: 1 Gong, 1 Schlägel

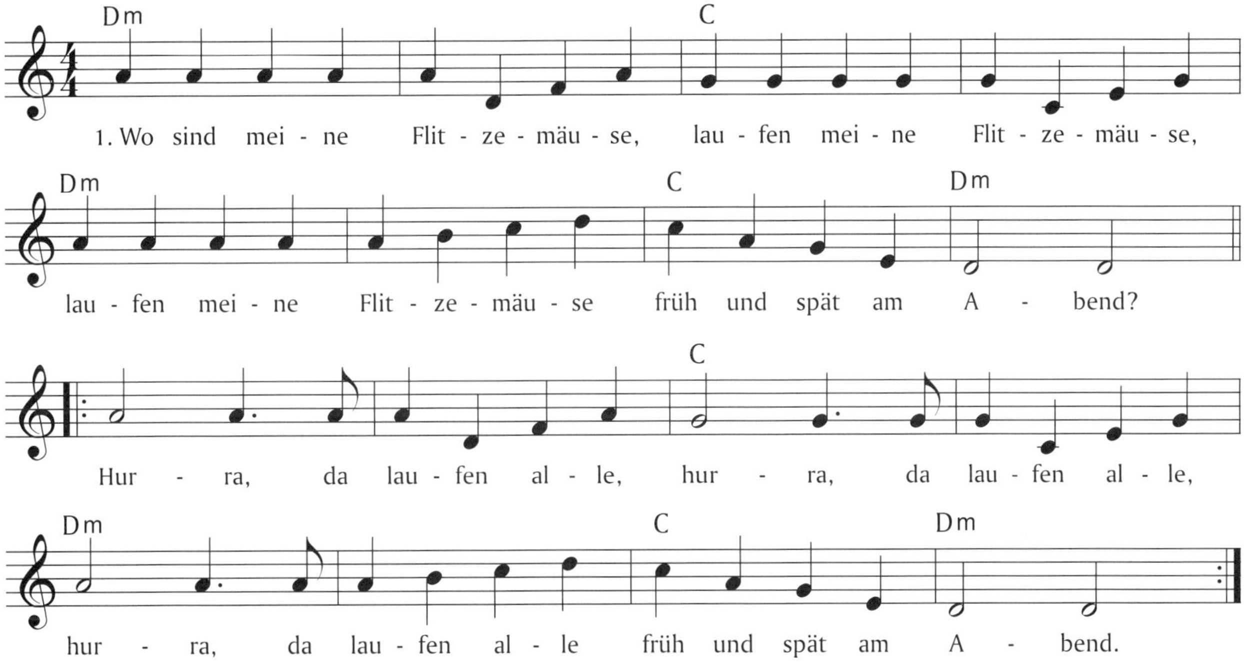

2. Wo sind meine Elefanten,
stampfen meine Elefanten,
stampfen meine Elefanten
früh und spät am Abend?
Hurra, da stampfen alle (3 ×)
früh und spät am Abend.

3. Wo sind meine Glitzerfische,
schwimmen meine Glitzerfische,
schwimmen meine Glitzerfische
früh und spät am Abend?
Hurra, da schwimmen alle (3 ×)
früh und spät am Abend.

4. Wo sind meine Schmusekatzen,
schleichen meine Schmusekatzen,
schleichen meine Schmusekatzen
früh und spät am Abend?
Hurra, da schleichen alle (3 ×)
früh und spät am Abend.

Anregung

Ein Kind spielt den Gong während des gesamten Liedes. Die anderen Kinder bewegen sich zum Lied frei im Raum. Je nach Strophe flitzen sie wie die Flitzemäuse, stampfen wie die Elefanten, schwimmen auf dem Bauch wie die Glitzerfische und schleichen wie die Schmusekatzen. Nach jeder Strophe darf ein anderes Kind den Gong spielen.

Die Kinder erfinden weitere Bewegungsmöglichkeiten. Das Lied wird entsprechend umgedichtet:

- *„Wo sind meine grünen Frösche, hüpfen …“*
- *„Wo sind meine Krabbelkäfer, krabbeln …“*
- *„Wo sind meine bunten Vögel, fliegen …“*

Ich bin ein Bauarbeiter

Nr. 10

Text und Musik: Kristina Hansen

Beinahe alle kleinen Jungs sind gerne Bauarbeiter und als solche äußerst wichtig! Mit den Klanghölzern als Werkzeug lässt sich die Auge-Hand-Koordination und die Feinmotorik beim Ausüben der handwerklichen Tätigkeiten wunderbar üben.

Alter: ab 18 Monaten
Tonart: d-Moll
Taktart: 4/4-Takt
Material: 2 Klanghölzer pro Kind

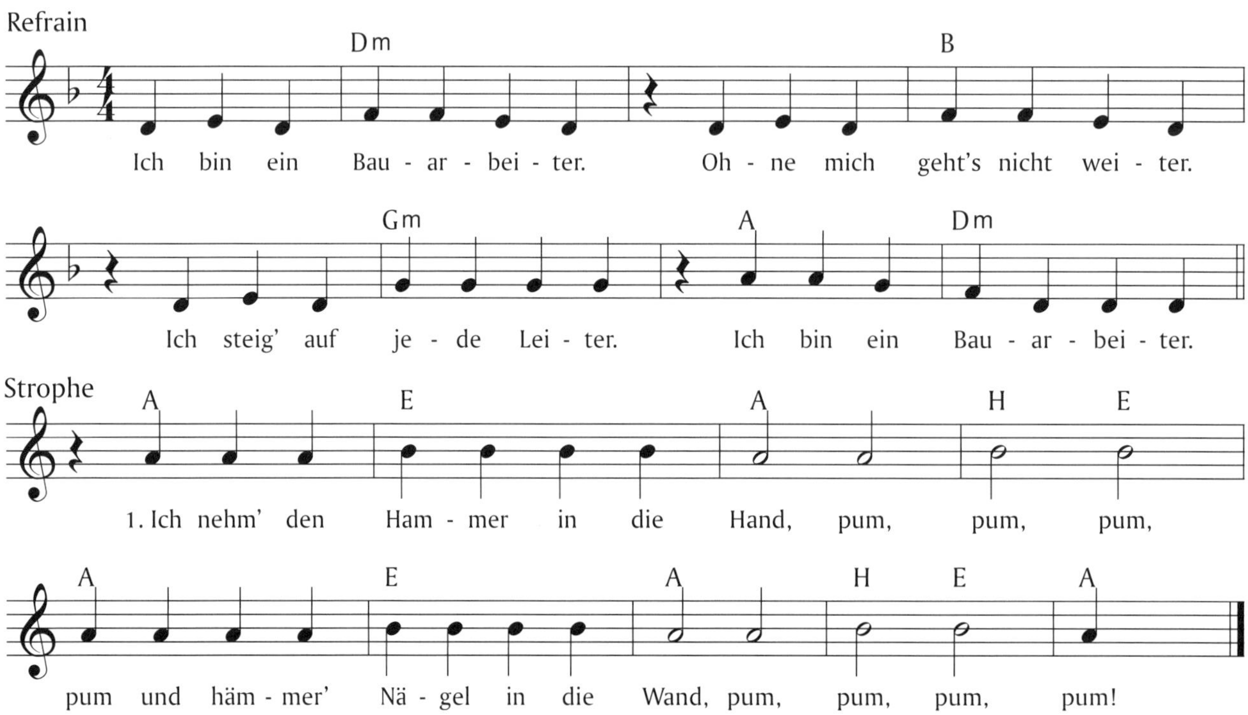

2. Ich nehm' die Säge in die Hand, sss, sss, sss, sss
und säge Bretter für die Wand, sss, sss, sss, sss!
(Refrain)

3. Ich nehm' die Zange in die Hand, zieh, zieh, zieh, zieh
und zieh den Nagel aus der Wand, zieh, zieh, zieh, zieh!
(Refrain)

4. Die Bohrmaschine in der Hand, brr, brr, brr, brr,
bohre ich Löcher in die Wand, brr, brr, brr, brr!
(Refrain)

5. Den Akkuschrauber in der Hand mh, mh, mh, mh,
drehe ich Schrauben in die Wand, mh, mh, mh, mh!
(Refrain)

6. Ich nehm' den Sauger in die Hand www, www, www, www,
und sauge alles, auch die Wand, www, www, www, www!
(Refrain)

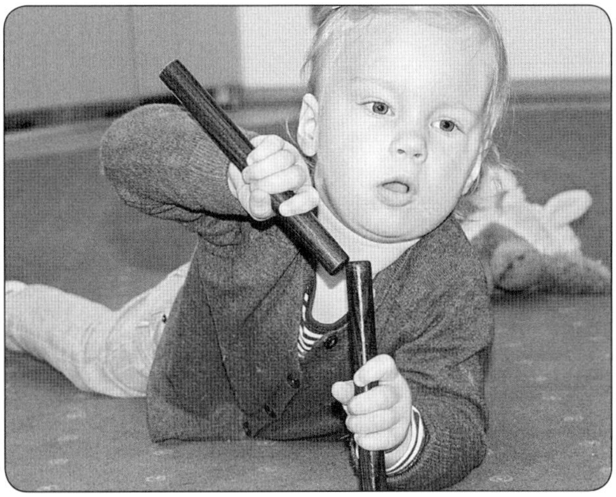

Klanghölzer als Bohrmaschine

Anregung

Die Kinder holen die **Klanghölzer** aus einer Kiste, die in die Mitte gestellt worden ist. Die Spielleitung fragt die Kinder, ob sie oder die Eltern zu Hause Werkzeug besitzen und welche Geräusche die Werkzeuge machen. Jedes Werkzeug wird mit den Klanghölzern nachgespielt.

Variante ab 4 Jahren (Tanzanregung)

Alle stehen in einem großen Kreis. In der Mitte formieren sich vier der Kinder zu einem kleinen Innenkreis. Alle Kinder führen folgende Bewegungen zum Lied aus:

Refrain:

Ich bin ein Bauarbeiter.	Arme in die Hüften stemmen und gehen.
Ohne mich geht's nicht weiter.	Mit dem Zeigefinger hin- und herwedeln.
Ich steig' auf jede Leiter.	Arme in die Hüften stemmen und gehen.
Ich bin ein Bauarbeiter.	Weiter gehen.

Strophen:

Der äußere Kreis bleibt stehen und geht in die Knie. Der innere Kreis stellt pantomimisch folgende Aktionen dar:

1. Strophe	Hämmern.
2. Strophe	Sägen.
3. Strophe	Nagel aus der Wand ziehen.
4. Strophe	Bohren mit der Bohrmaschine.
5. Strophe	Schrauben mit dem Akkuschrauber.
6. Strophe	Staubsaugen.

Hinweis

Siehe auch die Stimmbildungsübung „*Ich bin ein Bauarbeiter*" auf S. 35!

Eichellied

Nr. 20

Text und Musik: Kristina Hansen

Im Spätsommer lassen sich auf Spaziergängen sehr schön gemeinsam mit den Kindern Eicheln sammeln. Sie müssen auf Papier an einem warmen Ort getrocknet werden. Das Werfen der Eicheln in der Handtrommel macht viel Spaß und ist wunderbar für die Schulung der Tiefenwahrnehmung und der Auge-Hand-Koordination.

Alter: ab 2 Jahren
Tonart: D-Dur
Taktart: 4/4-Takt
Instrumente: 1 Handtrommel pro Kind
Material: mind. 20 Eicheln pro Kind; evtl. 1 Stuhl pro Kind

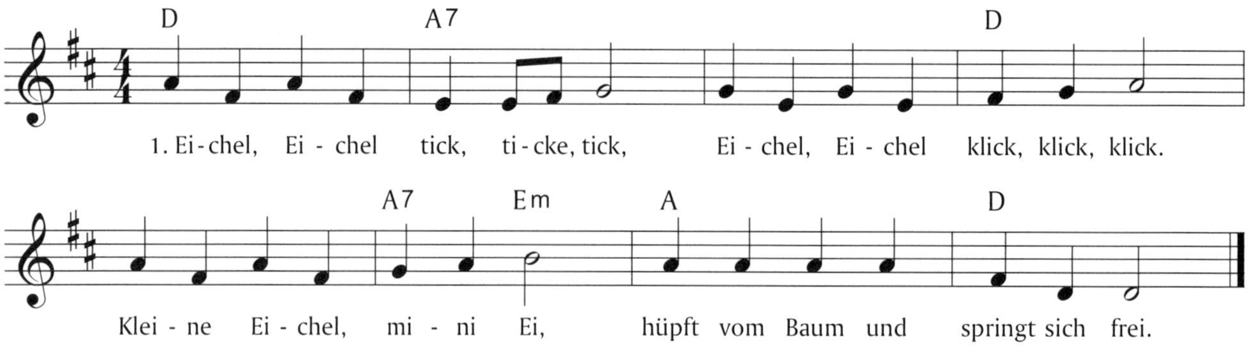

2. Eichel, Eichel schum didel dum,
kullerst in der Trommel 'rum.
Eichel, Eichel hopp, hopp, hopp,
hüpf nur nicht auf meinen Kopf!

Anregung

1. Schritt: Dieser Aktion geht ein eifriges Eichelnsammeln voran. Jedes Kind sollte ungefähr 20 Eicheln erhalten. Die Kinder untersuchen die Eicheln: Sie betasten sie mit ihren Fingern, rollen sie in der Hand oder auf dem Boden.

2. Schritt: Wir machen Eichelmusik. Wie klingt eine Eichel, die fällt, wie klingen ganz viele? Beim Klangtest mit den Eicheln spricht die Spielleitung den Text der ersten Strophe des *„Eichelliedes"*.

3. Schritt (Eichelspiel)
Die Kinder spielen im Sitzen. Sie sind die Eichelbäume, ihre Hände sind die Äste, an denen die Eicheln hängen.

Eichengetrommel

Schult Auge-Hand-Koordination

Die Eicheln werden gerollt

- Beim ersten Mal sprechen alle den Text der ersten Strophe: Bei *„hüpft vom Baum und springt sich frei“* fallen die Eicheln zu Boden (Mehrere Male wiederholen).
- Nach einigen Durchgängen singen alle den Text zum Eichelspiel.
- Die Gruppe steht auf und singt und spielt das Eichelspiel im Stehen.
- Jedes Kind steigt auf einen Stuhl und singt und spielt das Eichelspiel auf dem Stuhl stehend.

Varianten (Trommelspiele mit Eicheln)

1. Möglichkeit: Die Spielleitung baut Trommeln in der Anzahl der Kinder zu einer Trommelwiese auf. Die Kinder verteilen sich um die Trommeln herum und spielen Bäume. Die Spielleitung verteilt ganz viele Eicheln an die Kinder. Die Kinder lauschen dem Text der ersten Liedstrophe und lassen die Eicheln passend auf die Trommel fallen. Hierfür müssen sie gut zielen. Dabei gibt es ein herrliches Eichelgeploppe! Das Spiel wird wiederholt und der Spaß geht von vorne los.

2. Möglichkeit: Jedes Kind nimmt eine Trommel und füllt Eicheln hinein. Dies übt die Auge-Hand-Koordination. Die Kinder haben viel Zeit zum Ausprobieren:

- Alle singen die zweite Strophe des *„Eichelliedes“:* Die Kinder lassen die Eicheln von der einen Seite auf die andere Seite der Trommel rollen.
- Bei *„hopp, hopp, hopp“* lassen alle ihre Eicheln in der Trommel hüpfen. Erst wenn alle Eicheln aus der Trommel gehüpft sind, werden sie wieder eingesammelt, und es wird von Neuem begonnen.

Sobald die Kinder das Rollen der Eicheln von einer Seite auf die andere gut beherrschen, können sie dazu animiert werden, die Eicheln zum Lied an der oberen Kante der Trommel entlangrollen zu lassen.

Hinweis

Im Herbst können statt Eicheln auch gut Kastanien für die Trommelspiele verwendet werden. Durch ihre Größe machen sie tolle Geräusche beim Trommeln.

Ein Blatt

Nr. 11

Text und Musik: Kristina Hansen

Dieses pentatonische Herbstlied ist getragen von einer gewissen Leichtigkeit, die dem Flug eines Blattes nachempfunden ist. Die Kinder sammeln auf einem Spaziergang bunte Blätter und benutzen sie im Tanz.

Alter: ab $2\frac{1}{2}$ Jahren
Tonart: pentatonisch
Taktart: $^6/_8$-Takt
Instrumente: pentatonische Klangstäbe (D1, E1, Fis1, A1, H1, D2)
Material: 2 langstielige Herbstblätter pro Kind; evtl. 1 Stuhl pro Kind

2. Es machte einen kühnen Sprung
und tanzte jubelnd voller Schwung
um seinen Baum, der Blätterheld,
tanzt fröhlich weiter in die Welt.

3. Und weht der Wind mal um dein Haus,
dann laufe schnell zur Tür hinaus.
Dort warten die Blätter, dort wartet der Wind,
ja, tanze mit, du Menschenkind.

4. Lalala …

Anregungen (Blätterspiele)

1. Möglichkeit: Die Kinder sammeln bei einem Spaziergang bunte Blätter mit langen Stielen. Sie legen die Blätter in die Kreismitte und erzählen vom Blättersuchen: *„Wer hat welches Blatt entdeckt?“*

- Jedes Kind darf sich zwei Blätter aussuchen.
- Die Kinder erforschen, was sie alles mit einem Blatt machen können. Die Spielleitung kann Anregungen geben, wie z.B.: *„Machen Blätter Musik?“*
- Mögliche Aktionen: mit Blättern rascheln, sie auf den Boden patschen, sie in die Luft pusten, sich oder den anderen mit einem Blatt kitzeln.

2. Möglichkeit: Das Spiel beginnt im Sitzen. Im ersten Durchgang spielt jedes Kind einen Baum, das sein Blatt hoch oben über dem Kopf hält. Alle singen die erste Strophe des Liedes.

Im zweiten Durchgang wachsen die Bäume in die Höhe. Die Gruppe überlegt, wie sie das darstellen will, z.B. aufstehen, auf die Zehenspitzen stellen, auf Stühle oder Tische stellen.

Hinweis

In einer Eltern-Kind-Gruppe dürfen sich die Kinder auf die Schultern der Eltern setzen und dort oben mit den Blättern spielen.

Das Spiel auf einem Bassklangstab

3. **Möglichkeit (Stuhlspiel):** Jedes Kind braucht einen Stuhl. Die Stühle werden mit der Lehne nach innen im Kreis aufgestellt. Die Kinder steigen auf die Stühle und halten ihre Blätter hoch. Sie stellen gemeinsam einen großen Baum dar. Alle Kinder singen die erste Strophe, wie oben beschrieben.

Die Kinder werden gefragt: „*Und wovon hat euer Blatt geträumt, wovon hast du geträumt?*" Die Kinder werden die unterschiedlichsten Antworten geben, dass das Blatt vom Baum geträumt hat oder vom Wind oder vom Eisessen oder der Musikstunde.

Die Spielleitung sagt: „*Mein Blatt hat vom Tanz mit dem Wind geträumt und deshalb machte es einen großen Satz, sprang den Baum herunter und tanzte zusammen mit dem Wind um ihn herum.*"

Alle singen die zweite und dritte Strophe. Damit das Tanzen nicht so schnell wieder zu Ende ist, hängen sie noch eine Strophe, z. B. auf die Silbe „*la*", an.

4. **Möglichkeit (Instrumental):** Die Kinder nehmen die pentatonischen Klangstäbe zur Hand und begleiten das Lied mit den Klangstäben.

Schneeballschlacht

Nr. 40

Text und Musik: Kristina Hansen

Schnee macht die Welt leise und hell. Schnee verzaubert uns und ratzfatz sind selbst Mama, Papa und alle Erwachsenen wieder wie die Kinder und machen eine wilde Schneeballschlacht.

Alter: ab 2 Jahren
Tonart: d-Moll
Taktart: 6/8-Takt
Material: evtl. 1 große Zeitungsseite pro Kind

2. (Refrain)
Forme Bälle, komm, mach das auch,
hier sind Arme, Kopf und Bauch!
Möhrennase, Papas Hut,
mein Schneemann, der gefällt mir gut.

3. (Refrain)
Klirrende Kälte, Eiseshauch,
nicht nur mein Atem, ich friere auch.
Kinder, nun „Auf Wiedersehen,
ich möchte schnell nach Hause geh'n!"

Anregung

1. Durchgang: Alle setzen sich für ein **Ratespiel** in einen Kreis. Die Spielleitung macht den Text pantomimisch vor:

Leise Flocken, weißer Schnee	Mit den Fingern Schneeflocken vom Himmel rieseln lassen.
streichelt meine Wangen,	Über die eigene Wange streichen.
leise Flocken, weißer Schnee,	Mit den Fingern Schneeflocken vom Himmel rieseln lassen.
den will ich jetzt fangen.	Flocken aus der Luft fangen.
Forme Bälle aus dem Schnee,	Imaginäre Bälle formen,
werfe einen in die Höh'!	hochwerfen.
Alle Leute, gebt jetzt acht,	Zeigefinger heben.
wir machen eine Schneeballschlacht!	Ball einem Kind zuwerfen.

Frage in die Runde: „*Was war denn das?*" Die Kinder raten.

2. Durchlauf: Alle Kinder machen die Gesten nach. Dazu spricht die Spielleitung nur die Adjektive und Verben des Textes laut. Die Spielleitung fragt erneut: „*Worum geht es hier?*" Die Kinder raten.

3. Durchlauf: Der ganze Text wird zu den Gesten gesprochen. Alle werden aufgefordert, mitzumachen. Dieser Durchlauf wird ein weiteres Mal gemeinsam wiederholt.

4. Folgestunde: Erst jetzt wird die Melodie zum Lied gesungen. Idealerweise hat die Gruppe die Melodie schon einmal beim Schneetanz kennengelernt (Variante: Schneetanz).

Variante (Schneeballschlacht und Schneetanz)

1. Schritt: Jedes Kind legt ein Stück Zeitung vor sich hin. Alle dürfen ihre Zeitung so viel zerknüllen, wie sie nur können, um daraus Schneebälle zu formen. Die Kinder brauchen manchmal noch etwas Hilfe. Anschließend folgt eine Schneeballschlacht. Viel Spaß!

2. Schritt: Alle streichen die Zeitungsseite wieder glatt und reißen sie in lange Streifen, je dünner desto besser. Diese stellen die Schneeflocken dar. Eine tolle Koordinationsübung für die Kinder!

- Die Kinder tanzen mit den Schneeflocken zur Musik des Liedes „*Schneeballschlacht*".
- Zwei Kinder stehen auf einem Tisch und dürfen Schneeflocken herunterwerfen. Die anderen versuchen, die Flocken aufzufangen.
- Alle machen eine Schneeballschlacht mit den Schneestreifen.

Lernphase: Assimilation (3 bis 6 Jahre)

Zusammen spielen, voneinander lernen

Die Altersangaben überschneiden sich mit denen der Phase der Imitation. Das kommt daher, dass es Kinder gibt, die die einzelnen Entwicklungsphasen schneller durchlaufen als andere und umgekehrt. In dieser Phase des Musiklernens hat sich das Bewusstsein der Kinder so weit entwickelt, dass sie ihre eigenen Beiträge vergleichend wahrnehmen und eigene Fehler verbessern können. Das Singen wird immer sicherer und Melodie, Tonalität und Rhythmus werden immer besser getroffen und gehalten.

Die Assimilation besteht aus zwei Lernphasen:

- **Selbstbeobachtung**
Das Kind findet heraus, dass Atem, Stimme und Bewegung koordiniert werden müssen, um zu singen. Mit dem Sprechen haben die Kinder auch das Singen gelernt und üben sich jetzt darin. Sie lernen, gleichzeitig zu singen und zu tanzen.

- **Koordination**
Das Kind hat Atem, Stimme und Bewegung erfolgreich zusammengeführt, um die gewünschten Melodien und Rhythmen zu singen und zu sprechen. Es eignet sich Lieder immer schneller und leichter an. Unterschiedliche Rhythmen und Tonalitäten stellen keine gesanglichen Schwierigkeiten mehr dar.

Konzentrations- und Organisationsfähigkeit (3–4 Jahre)

In diesem Alter sind fast alle Kinder im Kindergarten. Die Vernetzungen zwischen den Sinnessystemen werden immer komplexer und führen zu immer größeren Fähigkeiten bei der Bewegungsplanung und in der Feinmotorik. Die Kinder interessieren sich mehr und mehr für ihre Fernsinne, und sie können akustische und optische Reize immer differenzierter zuordnen und verarbeiten.

Die folgenden musikalischen Spiele üben das genaue Hinhören – die Konzentration – der Kinder. Methodisch wird das dadurch erreicht, dass bestimmte Spielhandlungen von den Kindern den musikalischen Abschnitten im Lied zugeordnet werden müssen. Die Kinder lernen, auf die Musik zu hören, und entwickeln passende Reaktionen. Sie organisieren sich selbst im Spiel.

Indianer, die schleichen leise

Nr. 37

Text und Musik: Kristina Hansen

Dieses Bewegungsspiel erfordert große Aufmerksamkeit, damit auf den Gongschlag des Zauberers hin sich alle Indianer aus dem Laufen heraus in ein Standbild verwandeln.

Alter: ab 3 Jahren
Tonart: d-Moll melodisch
Taktart: Wechsel von 4/4- zum 6/8-Takt
Instrument: 1 Gong, 1 Schlägel
Material: 1 Tuch pro Kind

Anregung

Die Gruppe wählt einen Zauberer aus. Dieser erhält den Gong und versteckt sich. Die anderen sind die Indianer und binden sich die Tücher als Stirnband um den Kopf:

- Alle singen das Lied „*Indianer, die schleichen leise*“: Die Indianer schleichen dazu durch den Raum.
- Alle werden beim Singen der zweiten Zeile dem Text entsprechend langsamer.
- Der Zauberer kommt aus seinem Versteck und ruft auf der Fermate nach „*Zauberer*“ einmal laut: „*Buh!*“.
- Alle Indianer rennen auf dieses Signal hin wie die aufgescheuchten Hühner herum.
- Am Schluss des Liedes ertönt der Gong des Zauberers.
- Alle Indianer frieren ein.

Das Kind, das das schönste Standbild abgibt, darf der neue Zauberer sein.

Es war einmal ein Stachelschwein

Nr. 25

Text: Nortrud Boge-Erli, Musik: Maria Seliger

Auch für Kinder läuft nicht immer alles glatt und rund im Alltag. Manchmal ist die Welt voller Hindernisse, sodass die Kinder Lust haben, ihre Stacheln zu zeigen. Das Stachelschweinlied ermutigt Kinder dazu, beizeiten stachelig wie ein Stachelschwein und dann wieder weich und freundlich wie ein Kissen zu sein. In diesem wunderbaren Lied von Nortrud Boge-Erli und Maria Rebhahn wird die Stacheligkeit durch die phrygische Tonalität unterstützt und die Weichheit durch einen schwingenden Dreivierteltakt am Ende des Liedes erzeugt.

Alter: ab 3 Jahren
Tonart: phrygisch
Taktart: Wechsel von $^4/_4$- zu $^3/_4$-Takt
Instrument: evtl. ein Instrument (Gitarre, Klavier, Flöte oder Xylophon)

Anregung

1. Durchgang: Das Rätsel wird lautlos nur pantomimisch dargestellt:

Es war einmal ein Stachelschwein,	Alle Finger der rechten Hand spreizen.
das zog all' seine Stacheln ein,	Finger zur Faust zusammenziehen.
sprach auch: „Ihr sollt es wissen,	Auf alle Anwesende zeigen.
ab heut' bin ich	Zeigefinger heben.
ein Kissen!	Hände an eine Backe legen.

2. Durchgang: Die Spielleitung spricht einige Wortfetzen während der Pantomime mit. Sie fragt: *„Worum geht es hier?“* Die Kinder dürfen raten. Die Spielleitung verrät aber noch nichts.

3. Durchgang: Der ganze Text wird zu der Pantomime gesprochen und wiederholt.

4. Folgestunde: Der Text wird zur Pantomime gesungen, sodass die Kinder auch die Melodie des Liedes lernen.

Variante ab 3 Jahren

1. Schritt: Die Gruppe steht auf und überlegt, wie sich ein Stachelschwein verhält und wie sich ein Kissen verhält:

- *„Welche Bewegungen könnte ein Stachelschwein machen?“*
- *„Welche Bewegungen passen zu einem Kissen?“*

2. Schritt: Die Spielleitung spielt auf ihrem Instrument „Stachelschwein-Musik“, indem sie kurze und abgerissene Töne im $^4/_4$-Takt erzeugt. Danach spielt sie Kissen-Musik, indem sie weiche Melodien im ¾-Takt spielt. Zwischen diesen beiden Spielarten wechselt sie hin und her.

- Die Kinder ordnen diese Musik zu.
- Die Kinder bewegen sich zu der jeweiligen Musik im Raum. Sie müssen sich gut konzentrieren, um die zugehörige Musik zu erkennen und ihre Aktion der Musik anzupassen.

Hava nagila

Nr. 36

Text und Musik: israelische Überlieferung

Eine schöne Abwandlung der phrygischen Tonart findet sich im Tanz „Hava nagila“. Er ist zwar phrygisch, aber in Dur mit kleiner Sekunde, großer Terz und kleiner Sechste.

Alter: ab 4 Jahren
Tonart: phrygisch Dur
Taktart: 2/2-Takt

Die Übersetzung lautet:
„Lasst uns glücklich und fröhlich sein! Lasst uns singen und fröhlich sein! Erwachet, erwachet, Brüder, mit einem glücklichen Herzen!"

Anregung für Eltern-Kind-Gruppen

Nachfolgendes Spiel ist ein **Tanzspiel**. Alle Eltern und Kinder stellen sich im Kreis auf und fassen sich an. **Sie singen gemeinsam das Lied und führen dabei folgende Aktionen durch:**

Hava nagila (3 ×) venismecha (Wh).	Alle schaukeln von einem Bein auf das andere.
Hava neranena, hava neranena,	Eltern-Kind-Paar dreht sich mit angefassten Händen im Kreis – erst in die eine, dann in die andere Richtung.
hava neranena, venismecha (Wh).	
U-ru, uru achim,	Zweimal langsam, viermal schnell im Rhythmus der Silben hüpfen.
uru achim belev sameach (4 ×).	Alle laufen auf der Kreislinie, werden immer schneller.
ur'achim (Pause)(Wh),	Stampf, stampf, stampf (Pause); klatsch, klatsch, klatsch! (Wh)
belev sameach.	Der Erwachsene hebt das Kind in die Luft!

Es ist so kalt, so bitter kalt

Text und Musik: Kristina Hansen

Kälte ist eine Sinnesempfindung, die jedes Kind kennt. Man spürt sie auf und unter der Haut und manchmal sogar in den Knochen. Dieses Lied begegnet der Kälte mit einem sehr zügigen Singtempo und einem Kuschelfaktor gegen Ende. Als Federspiel und mit Instrumenten eignet es sich für eine zauberhafte Aufführung im Kindergarten durch zwei Kindergartengruppen.

Begleitung des Liedes mit dem Xylophon

Alter: ab 3 Jahren
Tonart: Wechsel von pentatonisch zu e-Moll
Taktart: $\frac{4}{4}$-Takt
Instrumente: pentatonisches Xylophon oder Klangstäbe (D1, E1, G1, A1, H1), Windspiel oder Chimes
Material: evtl. Nägel in unterschiedlichen Längen, Hammer, Band, 1 etwa 40 cm lange Holzleiste oder Latte, weiße Federn, 1 Topf, weiße Tücher

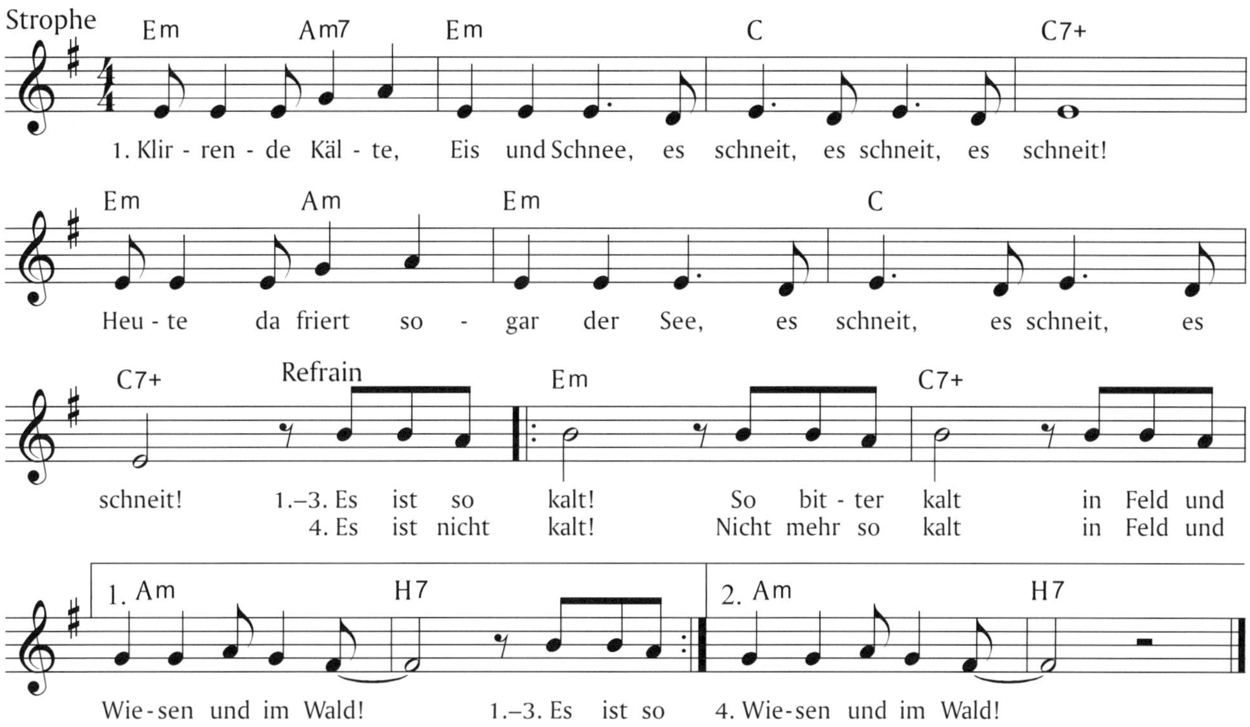

2. Eisblumen blüh'n am Fenster hier, es schneit, es schneit, es schneit!
Heute liegt Schnee vor jeder Tür, es schneit, es schneit, es schneit!
(Refrain)

3. Eisekalt weht der Winterwind, es schneit, es schneit, es schneit!
Hunger hat jedes Mäusekind, es schneit, es schneit, es schneit!
(Refrain)

4. Dort in der Höhle ist es warm, es schneit, es schneit, es schneit!
Wir Mäuse kuscheln Arm in Arm, es schneit, es schneit, es schneit!
(Refrain)

Anregung

Die Hälfte der Gruppe erhält pentatonische Klangstäbe oder Xylophone. Alle anderen spielen auf ihren Windspielen, Chimes oder selbstgebauten Nagelinstrumenten. Sie spielen zu der Textstelle: „*Es ist so kalt! So bitterkalt in Feld und Wiesen und im Wald*". Die Xylophon-Spieler spielen nur bis zum Doppelstrich.

Instrumentenbau: Nagel-Chimes

Auf eine Leiste werden kleine Nägel genagelt, an denen wiederum große Nägel mit einem Band befestigt werden. Diese werden in der Reihenfolge ihrer Größe angeordnet – **je größer, desto schöner klingen sie**. Mit einem weiteren Nagel wird die Nagel-Chimes angeschlagen (Vorlage s. S. 112).

Variante ab 3 Jahren (Federtanz)

Drei Kinder erhalten jeweils eine Hand voll weißer Federn, weitere Federn liegen in einem Topf in der Mitte des Raumes. Alle übrigen Tänzer bekommen weiße Tücher. Sie bilden einen Kreis um die Kinder mit Federn:

Strophe 1–2:	Die drei Kinder hocken in der Mitte. Die Kinder laufen schnell im Kreis um sie herum und lassen die Tücher in der Außenhand flattern.
Refrain:	Die Kinder im Außenkreis bleiben stehen und gehen in die Hocke. Die Kinder in der Mitte stellen sich auf und pusten die Federn in die Luft.
Strophe 3:	Die Kinder aus dem Außenkreis drehen sich um die eigene Achse und lassen die Tücher flattern.
Refrain:	Wie oben.
Strophe 4:	Der Außenkreis dreht sich im Kreis und nähert sich dabei der Mitte. Dort angekommen, kuscheln sich alle Kinder zusammen.
Refrain:	Wie oben.

Von Elefanten und Löwen

Nr. 22

Text und Musik: Kristina Hansen

Die Kinder lernen durch die Charakteristika der Tiere etwas über die musikalischen Parameter laut und leise. Diese werden auch darstellerisch umgesetzt.

Alter: ab 3 Jahren
Tonart: F-Dur
Taktart: 4/4-Takt
Material: evtl. 1 Instrument (z. B. Klavier, Gitarre, Flöte oder Xylophon)

2. Löwen schleichen auf krummen Wegen
leise ihrer Mahlzeit entgegen.
Lauern lang auf einer Stell',
jagen plötzlich wahnsinnig schnell.

Anregung

1. Durchgang: Die Gruppe versammelt sich im Kreis um die Spielleitung herum. Diese stellt das Rätsel pantomimisch dar:

Elefanten stampfen im Kreise,	Beide Handflächen patschen laut und rhythmisch auf den Boden.
sie sind meistens kein bisschen leise.	
Laut trompeten sie daher,	Arme zum Rüssel verschränken.
ziemlich dick und auch ziemlich schwer.	Einen dicken Bauch zeigen und damit hin- und herwackeln.

Die Kinder werden sicherlich schnell auf die Elefanten kommen.

2. Durchgang: Alle beteiligen sich an der Pantomime. Die Spielleitung spricht dazu den Vers, allerdings lässt sie die Nomen weg.

3. Durchgang: Der ganze Vers wird von allen Teilnehmern gesprochen und pantomimisch dargestellt.

Variante (Großbewegung)

1. Schritt: Die Spielleitung fragt die Kinder:

- *„Wer kann einen Trompetenrüssel?"*
- *„Habt ihr schon einmal einen Elefanten gesehen?"*
- *„Was machen Elefanten noch?"*

Gar nicht so leicht, die Sache mit dem Elefantenrüssel

Die Kinder üben Elefantenbewegungen ein. Die Spielleitung spielt die Melodie des Liedes auf einem Instrument und die Gruppe tanzt dazu wie Elefanten.

2. Schritt: Die Spielleitung fragt die Kinder: *„Welches Tier bewegt sich ganz leise?“* Die Kinder werden sicherlich auch auf Katze oder Tiger kommen. Alle schleichen wie Katzen oder Tiger zu leiser Musik, die die Spielleitung auf einem Instrument spielt.

Varianten (Tiermusik)

1. Möglichkeit: Die Kinder suchen Elefanten- und Löweninstrumente aus dem Instrumentenbestand aus (z.B. Handtrommel für den Elefanten, Klangstab für den Löwen). Die Löwen und die Elefanten machen abwechselnd Musik, dann wird getauscht. Sie kreieren ihre eigene Tiermusik.

Hinweis

Es ist nicht wichtig, welche Instrumente die Kinder aussuchen. Die Kinder sollen selber wählen können. Letztendlich kommt es darauf an, wie das Instrument gespielt wird, damit es diese oder jene Eigenschaft und Charakteristik erhält.

In der Folgestunde wird die Melodie des Liedes vorgestellt. Die Spielleitung stellt das Rätsel vor (s.o.), es wird, wie im dritten Durchgang beschrieben, gesungen. Das Lied wird durch mehrmaliges Wiederholen eingeübt.

2. Möglichkeit: Die Kinder werden in vier Gruppen eingeteilt. Eine Gruppe spielt die Elefanten, die andere die Löwen. Eine dritte Gruppe erhält Elefanten-Instrumente (z.B. Trommeln), die vierte Gruppe Löwen-Instrumente (z.B. Klangstäbe): *„Gibt es einen Dirigenten, der sagt, welche Instrumentengruppe dran ist?“* Die Löwen und Elefanten treten immer in Aktion, wenn ihre Instrumentengruppe spielt.

Elefanten und Mäuse

◎ Nr. 17

Auch mithilfe dieses Spruches werden die musikalischen Parameter schwer/langsam und leicht/schnell eingeübt. Die Tiere helfen mit.

Alter: ab 3 Jahren
Instrumente: Handtrommeln, Schlägel

Seht! Da stampft ein Elefant
langsam durch das weite Land.
Sogar rückwärts kann er gehen,
hat man so was schon gesehen?

Tippel tappel, tippel tappel,
tippel tappel läuft die Maus.
Tippel tappel immer schneller,
immer schneller ab nach Haus’.

Anregung

Die Spielleitung schlägt auf einer Handtrommel den Rhythmus. Die Kinder spielen die Elefanten und Mäuse:

- Sie stampfen als Elefanten vorwärts, wenn ein langsamer Rhythmus geschlagen wird. Die Spielleitung fragt: *„Können die Elefanten auch rückwärts stampfen? Können die Elefanten sich stampfend im Kreis drehen wie die Zirkuselefanten?“*
- Sie flitzen wie die Mäuse bei einem schnellen Rhythmus.
- Hört das Trommeln auf, bleiben alle Mäuse stehen und schnuppern, ob es an diesem Ort Käse oder Speck gibt.
- Setzt die Handtrommel erneut ein, flitzen alle davon.

Variante

1. Möglichkeit: Ein Kind darf die Handtrommel spielen und die Bewegungen bestimmen:

- Langsam oder schnell
- Rückwärts oder vorwärts
- Stopp!!!

2. Möglichkeit: Jedes Kind erhält eine Trommel:

- Alle sprechen rhythmisch *„Elefanten“* und schlagen dazu mit beiden Händen gleichzeitig auf die Trommel.
- Alle sprechen rhythmisch *„Mäuschen“*. Zum Trommeln nehmen sie beide Zeigefinger und tippen abwechselnd rechts und links auf die Trommel. Dies schult vor allem die **Rechts-Links-Koordination**.
- Alle sprechen abwechselnd die Verse und machen die entsprechenden Trommelklänge dazu.

Laterne, Laterne, Sonne, Mond und Sterne

Text und Musik: überliefert

Dieses bekannte Kinderlied eignet sich als pentatonisches Lied sehr gut für das Spiel auf den unterschiedlichsten Instrumenten.

Alter: ab 3 Jahren
Tonart: pentatonisch
Taktart: 2/4-Takt
Instrumente: 2 Klanghölzer; evtl. 1 Zimbel pro Kind, pentatonische Klangstäbe

Anregung

Jedes Kind erhält zwei Klanghölzer. Alle sitzen im Kreis. Die Klanghölzer werden abwechselnd rechts und links auf dem Boden angeschlagen. Alle singen das *„Laternelied"* dazu.

Eine musikalische Laterne aus Zimbeln und Klanghölzern

Laterne laufen mit Zimbelspiel und Gesang

Variante (mit Zimbeln und Klanghölzern)

Alle stehen auf. Jedes Kind erhält eine Zimbel. Die Schlaufe der Zimbel wird über einen Klangstab gehängt. Das sieht wie eine kleine Laterne aus. Alle schlagen mit dem zweiten Klangstab die Zimbel an. Die Kinder laufen singend durch den Raum und begleiten sich dazu.

Achtung

Diesem pentatonischen Klanggebilde kein Harmonieinstrument (Gitarre, Klavier) hinzufügen. Deren Akkorde sind nicht pentatonisch aufgebaut.

Variante (mit pentatonischen Klangstäben)

Die Kinder brauchen Klangstäbe, paarweise pentatonisch zusammengestellt, z. B.:

- F1 und D2
- A1 und C2
- F1 und A1
- C1 und A2
- F1 und G1

Sie üben die Koordination der rechten und linken Hand, indem sie die Töne immer abwechselnd anschlagen.

Pentatonische Begleitung rechts-links abwechselnd zum Laternelied

Faschingsfein

Nr. 29

Text und Musik: Kristina Hansen

Kinder lieben es, sich zu verkleiden. Die Verkleidung inspiriert sie zu den schönsten Spielideen. Dieses Lied eignet sich besonders, um alle Kostüme auf einem Faschingsfest vorzustellen.

Alter: ab 3 Jahren
Tonart: pentatonisch
Taktart: 4/4-Takt
Material: Verkleidung für jedes Kind

2. Zippel zappel faschingsfein, ich will heut' Prinzessin sein.
Zippel zappel rampampam, seht mal her, was ich schon kann.

3. Zippel zappel faschingsfein, ich will heut' ein Clown sein.
Zippel zappel rampampam, seht mal her, was ich schon kann.

4. Zippel zappel faschingsfein, ich will Indianer sein.
Zippel zappel rampampam, seht mal her, was ich schon kann.

Anregung

Jedes Kind verkleidet sich, stellt sich kurz vor und denkt sich ein Kunststück aus, das es vorführen möchte. Dafür hat es kurz Zeit zum Nachdenken und Proben. Alle üben zudem die Gesten zum Lied (s. S. 118).

Faschingsfein

Wir feiern heut' ein Faschingsfest,	Klatschen.
weil jeder 'was Besond'res ist.	
Verkleiden, das macht riesig Spaß,	
ja, ich bin dies und du bist das.	
Zippel zappel faschingsfein,	Beide Hände umeinander drehen.
ich will heut' ----------- sein.	Beide Handflächen zeigen nach oben.
Zippel zappel rampampam,	Beide Hände umeinander drehen.
seht mal her, was ich schon kann!	Kunststück vorführen.

Die Spielleitung macht als Eisbrecher, falls sich niemand traut, das erste Kunststück vor. Der Reihe nach führen die Kinder ihre Verkleidung und ihr Kunststück vor.

Nüsschen knack, knack, knack

Text und Musik: Kristina Hansen

Dieses Lied im 5/4-Takt macht besonders als Trommelspiel sehr viel Freude und bietet zudem einen großen Bastelspaß.

Alter: ab 3 Jahren
Tonart: E-Dur
Taktart: 5/4-Takt
Instrumente: Trommeln
Material: 2 Walnüsse pro Kind, mitteldicke Pappe, Krepppapierbänder, Stifte, Kleber, Schere

2. Kommt ein Eichhörnchen flink gerannt, -rannt, -rannt,
ach, es hungert sehr, weil's nichts fand, fand, fand.
Und es ruht sich aus unterm Baum, Baum, Baum,
da macht's boing und knack, ist's ein Traum?
(Refrain)

3. Kommt der X (Name des Kindes einfügen) *träumend herspaziert,*
ach, er merkt nicht mal, dass er ziemlich friert,
und er ruht sich aus unterm Baum, Baum, Baum,
da macht's boing und knack, ist's ein Traum?
(Refrain)

Anregung

Jedes Kind darf sich 2 Walnüsse nehmen. Die Spielleitung singt den Refrain und die Kinder begleiten sie auf den Walnüssen. Alle lernen den Refrain durch mehrmaliges Wiederholen. Die Spielleitung singt nun die erste Strophe und wiederholt sie gemeinsam mit den Kindern. Alle singen das Lied und machen dem Rhythmus entsprechend Walnussmusik.

Basteln einer Kinder-Kastagnette

1. Vorbereitung: Frische Walnüsse werden eine Viertelstunde lang bei 50 Grad im Ofen getrocknet (ältere Walnüsse brauchen hingegen nicht in den Ofen, damit sie nicht vorab aufplatzen):

- Die Trommeln werden in der Mitte des Raumes zu einer Insel zusammengelegt.
- Die Kinder singen das Lied und werfen die Walnüsse zum Refrain auf die Trommelinsel, das gibt eine tolle Trommelei!
- Die Kinder sammeln die Walnüsse wieder auf und ein neuer Durchgang beginnt. Nach und nach öffnen sich die Walnüsse und zwar genau als Hälften.
- Vorsichtig die Nuss entfernen (aufessen!) und die halben Schalen sammeln. Jedes Kind braucht vier Walnusshälften.

2. Basteln: Aus Pappe eine Kastagnettenform ausschneiden, die gut in einer Kinderhand liegt.

- Die Pappe einmal knicken.
- Die Kinder dürfen sie bemalen.
- In den Knick ein langes Kreppband kleben.
- Jeweils zwei Schalen auf eine Seite kleben.

Die Kastagnetten müssen etwa eine halbe Stunde trocknen, bis mit ihnen gespielt werden kann.

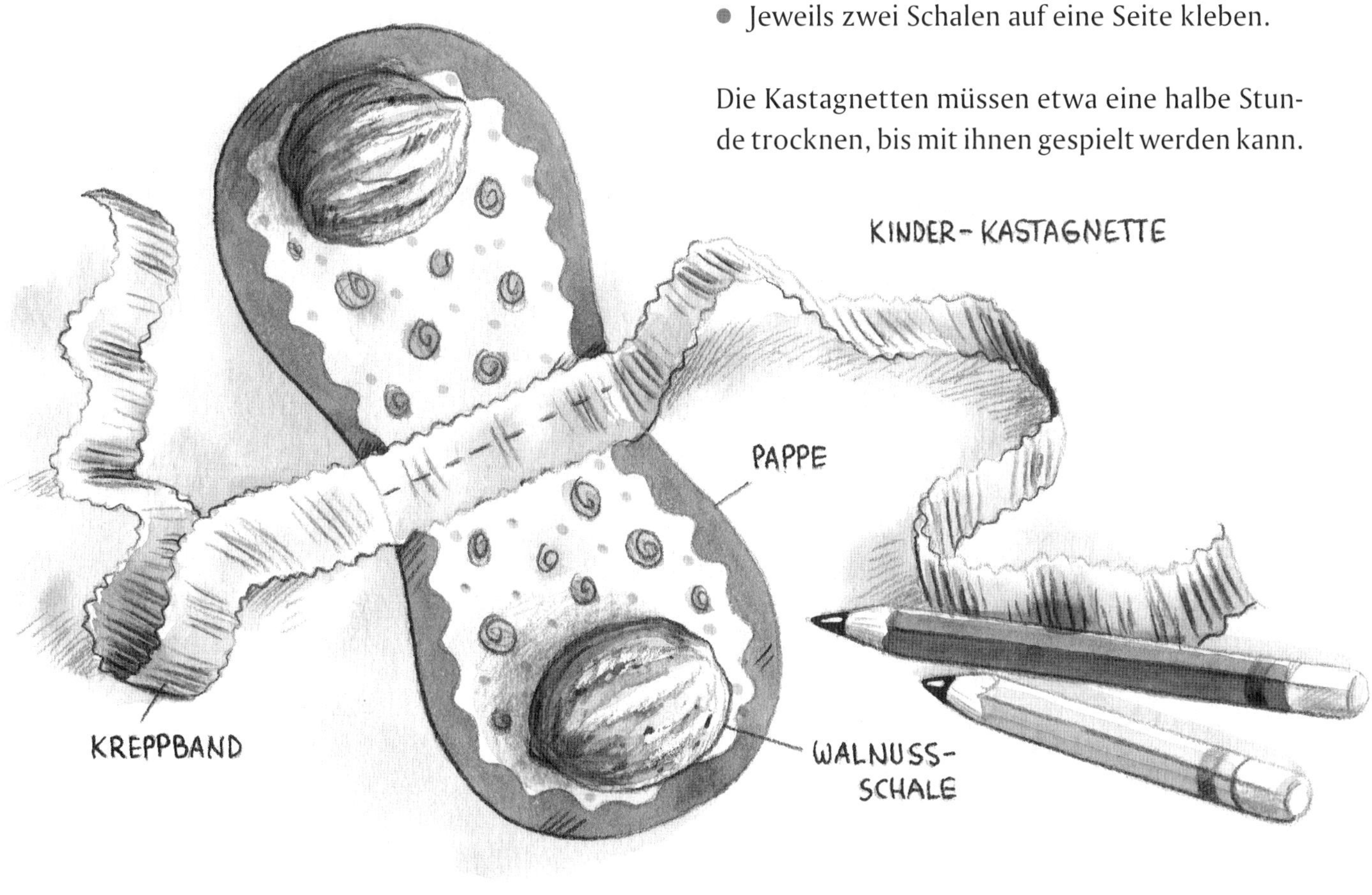

Geburtstagslied: Am Fenster heute Morgen

Text und Musik: überliefert

Eines der wichtigsten Rituale im Kindergarten, zu Hause oder in der Musikgruppe stellt das Feiern des Kindergeburtstags dar. Es gibt keinen persönlicheren Glückwunsch an diesem Ehrentag als ein Geburtstagslied, das alle mitsingen: Mit verschämten, glänzenden Augen verfolgen die Geburtstagskinder das Ritual.

Alter: ab 2 Jahren
Tonart: G-Dur
Taktart: 3/4-Takt
Material: 1 Tablett, einige Tonkuckucke, Wasser, 1 Geburtstagskerze

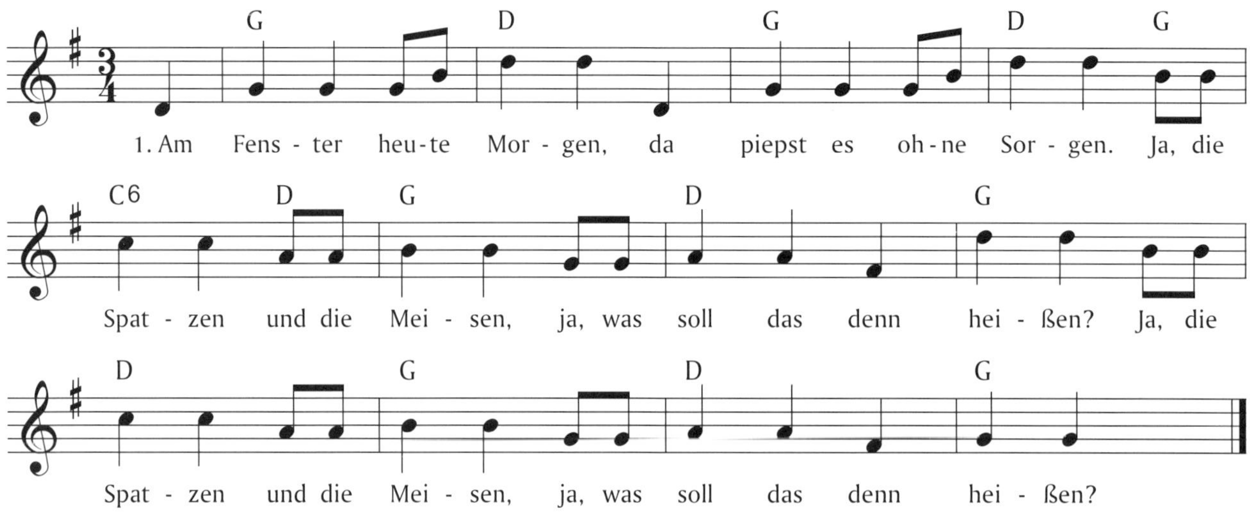

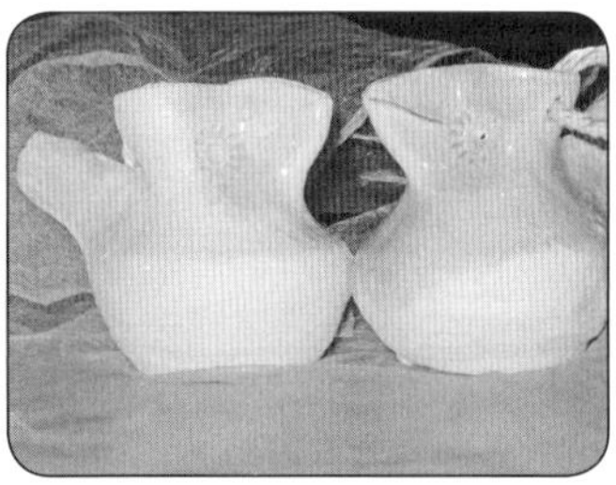
Tonkuckucke

2. Sie haben es geflüstert,
jetzt wissen wir's genau,
ja der/die (Name des Kindes) hat Geburtstag,
darum der Radau.

Geburtstagsständchen

Anregung

Die Spielleitung teilt die Gruppe in zwei Teile: die Tonkuckuck-Spieler und die Sänger. Die Tonkuckuck-Spieler bereiten die Instrumente für das Lied in einem separaten Raum vor. Dazu werden sie mit ein wenig Wasser gefüllt. Um einen schönen Klang zu erzeugen, üben die Kinder das Spielen, bis die Tonkuckucke ein fröhliches, zwitscherndes Geräusch von sich geben. Die Tonkuckucke kommen auf ein Tablett, und das Geburtstagslied kann beginnen:

- Das Tablett wird in den Raum gebracht. Eine Kerze wird dazugestellt.
- Alle versammeln sich zusammen um das Geburtstagskind.
- Die Kinder stimmen für das Geburtstagskind ein richtiges Vogelkonzert an. Währenddessen wird die Kerze angezündet.
- Die Gruppe der Sänger singen zum Vogelgezwitscher beide Strophen des Liedes für das Geburtstagskind.

Ausblick: Selbsteinschätzung, Selbstkontrolle und Selbstvertrauen (4–6 Jahre)

Die Vernetzungen aller Sinnessysteme werden immer komplexer, die Aktivitäten und Bewegungen der Kinder ausgereifter und spezifischer. Sie lernen z. B. Rad fahren, Malen, Basteln, eine Schleife binden. Das übt die **Feinmotorik, Bewegungsplanung und Koordination.** Die **Aufmerksamkeitsspannen** der Kinder werden länger, was sie zu größeren **auditiven Diskriminationsleistungen** befähigt: Sie können immer komplexere musikalische Phrasen erfassen, unterscheiden und nachsingen. Sie lernen, ihr **Verhalten zu regulieren** und **Regeln einzuhalten,** üben sich in Selbsteinschätzung, Selbstkontrolle und stärken so ihr Selbstvertrauen.

Sobald alle Reifungsprozesse durchlaufen worden sind, ist das Kind schulreif. Sind diese Reifungsprozesse vor Schulantritt nicht erfolgt, kann es zu vielerlei Schwierigkeiten kommen: mangelnde Organisationsfähigkeit, Vergesslichkeit, Koordinationsschwierigkeiten, Scheu und abweisendes Verhalten, Planlosigkeit und Exzessivität, Probleme beim Lesen und Schreiben oder beim Addieren von Zahlen, Albernheit.

Lehrer und Eltern machen dann oft den Fehler, Kinder zu maßregeln, im Fall einer unvollständigen sensorischen Integration aber erfolglos. **Hier ist es ratsam, einen Fachmann zu konsultieren.**

Laut Gordon sind die Kinder in dieser Phase (3 [4]–6 Jahre) zu immer größerer klanglicher Unterscheidungsfähigkeit in der Lage. Gleichzeitig wächst ihre Fähigkeit des differenzierten Hörens. Sie können komplizierte Klanglichkeiten und Rhythmen erfassen.

Eins, zwei, drei, ...

Text: überliefert

Analog zu dem differenzierteren Hörvermögen der Kinder sollten komplexere Rhythmen wie der 7/8-Takt probiert werden. Dieser Sprechvers ist eine schöne Einleitung zum nachfolgenden Hexentanz, da der Rhythmuswechsel von 8/8 zu 7/8 spielerisch geschieht und als Echospiel leicht nachzumachen ist.

Alter: ab 4 Jahren
Taktart: Wechsel von 8/8- zu 7/8-Takt

Eins, zwei, drei, vier, fünf, sechs, sieben,
auf dem hohen Berge drüben
steht ein Schloss von blanken Zinnen,
wohnt ein alter Riese drinnen.

Fällt der Ries' den Berg hinab,
lacht er lauthals sich fast schlapp,
und da fällt ihm wieder ein,
kann ja zaubern! – Du sollst sein!

Anregung

Dieser Abzählreim beinhaltet einen Taktwechsel. Die erste Strophe ist im 8/8-Takt, die zweite im 7/8-Takt zu sprechen. Jede Zeile wird von der Spielleitung vorgesprochen und von der Gruppe wiederholt. So entsteht ein schönes **Echo.**

Achtung

In der zweiten Strophe dürfen keine Pausen zwischen den Zeilen eingebaut werden, damit der 7/8-Rhythmus nicht verloren geht!

Pentatonischer Hexentanz

Nr. 33

Text und Musik: Kristina Hansen

Hexen und Zauberer üben nicht nur zu Halloween eine große Faszination auf Kinder aus. Sich die Welt nach den eigenen Wünschen zu zaubern, entspricht der magischen Phase in der Kindheit.

Alter: ab 4 Jahren

Tonart: pentatonisch
Taktart: 7/8-Takt
Instrumente: evtl. 6 Schellenkränze oder Glöckchen, 1 große Trommel, 1 pentatonisches Xylophon (D1, E1, G1, A1, H1, D1)
Material: 2 Tücher pro Kind

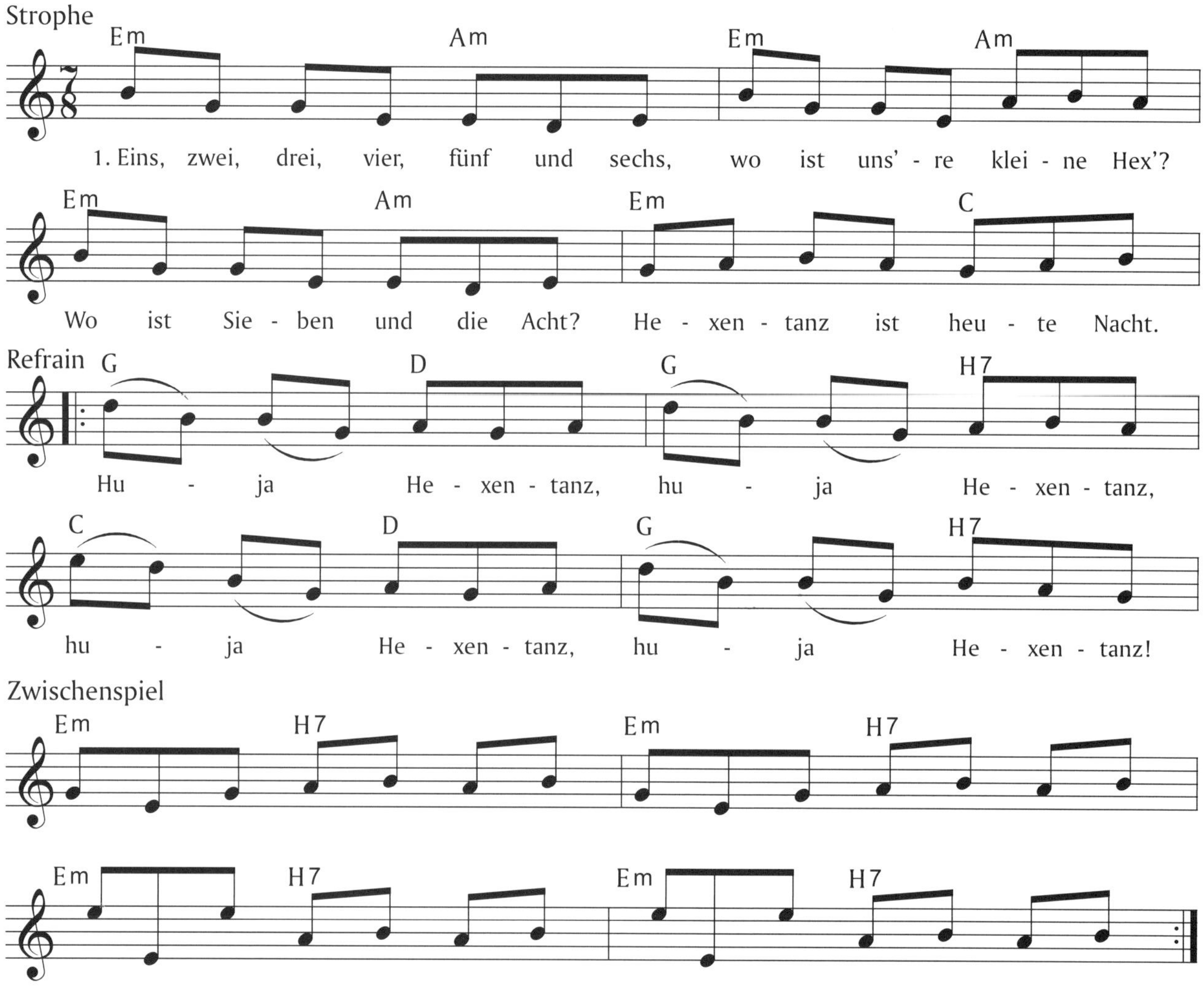

2. Eins, zwei, drei, vier, fünf und sechs,
wo ist uns're kleine Hex'?
Wo ist Sieben und die Acht?
Hexentanz ist heute Nacht.
(Refrain)

3. Eins, zwei, drei, vier, fünf und sechs,
fröhlich tanzt die kleine Hex'.
Sieben Tage oder acht,
Hexentanz ist heute Nacht.
(Refrain)

Anregung

Alle Teilnehmer sitzen im Kreis auf dem Fußboden, singen den folgenden Vers nach und machen den **Sitztanz** dazu:

Eins, zwei, drei, vier, fünf und sechs,	Siebenmal auf den Boden klopfen.
wo ist uns're kleine Hex'?	Rechte Hand über die Augen halten.
Wo ist Sieben und die Acht?	Linke Hand über die Augen halten.
Hexentanz ist heute Nacht.	Siebenmal auf den Boden klopfen.
(Huja	Zweimal auf den Boden patschen.
Hexentanz)(4 × wh)	Dreimal in die Hände klatschen.

Dieser Sitztanz bereitet die Kinder auf den nachfolgenden Hexentanz vor.

Variante (Hexentanz)

Jeder kleinen Hexe werden zwei bunte Tücher um die Handgelenke gebunden. Alle Hexen stellen sich im Kreis auf und führen während des Singens der Strophen die beschriebenen Aktionen durch:

1. Strophe	
Eins, zwei, drei, vier, fünf und sechs,	Sieben Stampfer auf der Stelle.
wo ist uns're kleine Hex'?	Rechte Hand über die Augen halten.
Wo ist Sieben und die Acht?	Linke Hand über die Augen halten.
Hexentanz ist heute Nacht.	Sieben Stampfer auf der Stelle.
Refrain	
Huja	Stampf (rechts), stampf (links),
Hexentanz (beides 4 × wh)	klatsch, klatsch, klatsch (beides 4 × wh).
4 Takte Pause	Drehen auf der Stelle.
Huja	Stampf (rechts), stampf (links),
Hexentanz (beides 4 × wh)	klatsch, klatsch, klatsch (beides 4 × wh).
4 Takte Pause	Drehen in die andere Richtung.
2. Strophe	
Eins, zwei, drei, vier, fünf und sechs,	Sieben Schritte in die Mitte.
wo ist uns're kleine Hex'?	Mit der rechten Hand auf die anderen Kinder zeigen.
Wo ist Sieben und die Acht?	Mit der linken Hand auf die anderen Kinder zeigen.
Hexentanz ist heute Nacht.	Sieben Schritte aus der Mitte heraus.
(Refrain)	
3. Strophe	Laufen im Kreis.
(Refrain)	

Variante (Instrumentalspiel)

Vorübung 1: Die Textzeile *„Hu – ja – Hexentanz“* eignet sich am besten zum rhythmischen Üben des 7⁄8-Taktes. Die Kinder sprechen: *„Hu – ja – Hexentanz“* wie folgt:

Achtung

Nach der letzten Achtelnote im Hexentanz geht es **sofort weiter**. Daraus darf nicht aus Versehen ein 8⁄8-Takt gemacht werden!

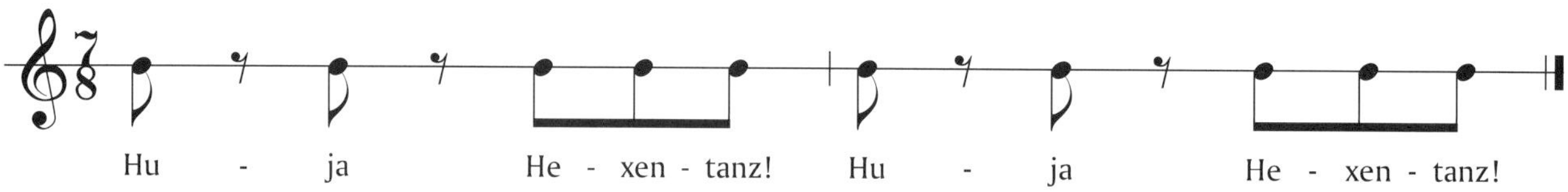

Vorübung 2: Die Kinder sitzen auf dem Boden und stampfen einmal rechts und einmal links auf *„Hu – ja“* und klatschen dreimal auf *„Hexentanz“*.

1. Schritt: Die Instrumente werden verteilt. Sechs Kinder erhalten Schellenkränze. Ein Kind darf an das pentatonische Xylophon. Die anderen Kinder gehen gemeinsam mit der Spielleitung an die Trommel. Das Instrumentalspiel orientiert sich ebenfalls am Text. Alle Instrumentalisten sprechen immer den Text *„Hu-ja, Hexentanz“* mit, auch den Teil, den sie auf ihren Instrumenten spielen:

- Die **Trommel** wird auf *„Hu – ja“* geschlagen (2 Viertelschläge).
- Die **Schellenkränze** werden auf *„Hexentanz“* geschlagen (3 Achtelschläge).
- Das **pentatonische Xylophon** wird **in freier Melodienfolge, aber rhythmisch dazu gespielt**.

Hier läuft eine flinke, kleine Hexe

2. Schritt: Schellenkränze und Trommel werden, wie oben beschrieben, gespielt. Zwei Kinder dürfen gemeinsam ans Xylophon:

- Ein Kind spielt die **Stäbe G, A und H** des Xylophons mit vier Achtelnoten, sobald *„Hu – ja“* erklingt und schweigt auf *„Hexentanz“*.
- Das andere Kind spielt die **Klangstäbe D und E.** Es schweigt auf *„Hu – ja“* und **spielt D, E und D** auf *„Hexentanz“*.

Stundenende

Der Abschied wird eingeleitet durch ein Schlaflied oder ein bekanntes, sehr beliebtes Lied, das alle ein wenig zur Ruhe kommen lässt. Hierbei sollte aber ebenfalls die Tageszeit und der Unterrichtsverlauf berücksichtigt werden. Nach einer insgesamt ruhigen Stunde darf dann z. B. am Schluss ruhig noch einmal ein peppiger Tanz kommen, um dem Bewegungsdrang der Kinder gerecht zu werden. Auch das Verabschieden ist ein Ritual, das immer wiederkehrt.

Lasst uns winken

Text und Musik: Kristina Hansen

Alle Töne fliegen nach Haus' und die Ohren ruhen sich aus, denn die Musik, die ist jetzt aus!

Alter: ab 6 Monaten
Tonart: E-Dur
Taktart: 4/4-Takt

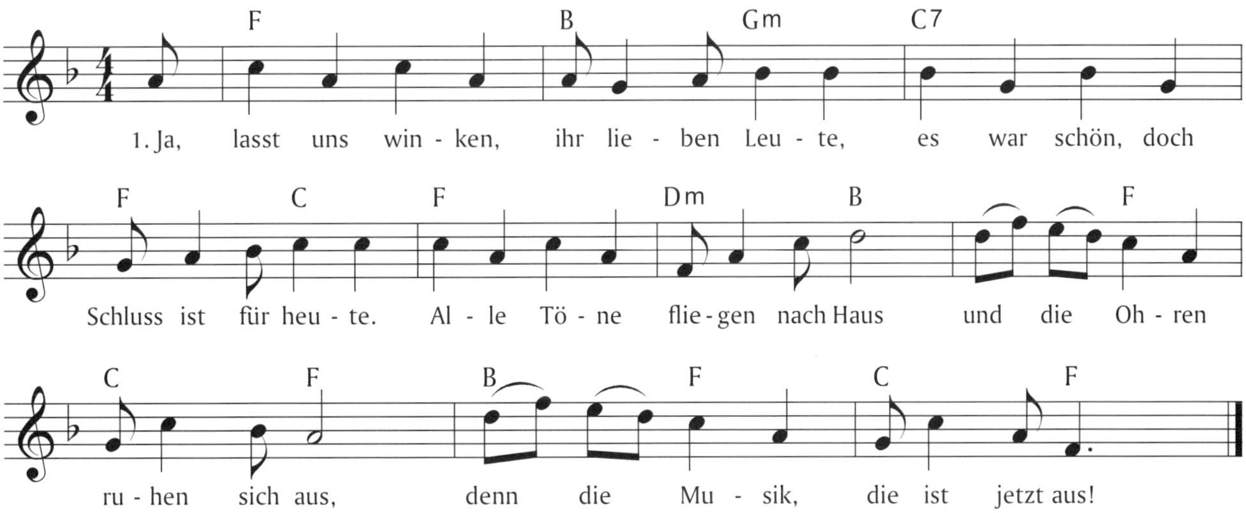

2. Ich winke für Anna (Name der Kinder einsetzen), ihr lieben Leute, …

Anregung

Jedes Kind wird noch einmal namentlich genannt, sodass es sich persönlich verabschiedet fühlt.

Anhang

Lieder-, Spiele- und Versregister

Literatur

Ayres, Jean A.: Bausteine der kindlichen Entwicklung. Berlin 2002.

Borchardt, Caroline, u. a.: Sensorische Verarbeitungsstörung. Theorie und Therapie der Sensorischen Integration. Idstein 2005.

Bundy, Anita C., u. a.: Sensorische Integrationstherapie. Theorie und Praxis. Heidelberg 2007.

Gordon, Edwin E.: A Music Learning Theory for Newborn and Young Children. Chicago 2003.

Hansen, Kristina: Das „Musikgarten"-Projekt von Dr. Lorna Lutz Heyge. Betrachtungen unter dem Aspekt der frühkindlichen Sprech- und Singstimme. V-jA – Wissenschaft. Berlin, Freiburg 1999.

Heyge, Lorna: Musikgarten für Babys. Mainz 2003.

Heyge, Lorna: Musikgarten I. Mainz 1994.

Heyge, Lorna: Musikgarten II. Mainz 2005.

Hinz, Asmus: Frühkindliche Bildung – Treibstoff fürs Leben. In: nmz (Neue Musikzeitung), 2006, 6.

Hirler, Sabine: Wahrnehmungsförderung durch Rhythmik und Musik. Freiburg 1999.

Kiesling, Ulla: Sensorische Integration im Dialog. Verstehen lernen und helfen ins Gleichgewicht zu kommen. Dortmund 2003.

Seeliger, Maria: Das Musikschiff. Kinder und Eltern erleben Musik. Con Brio Fachbuch, Band 10. Regensburg 2003.

Söchting, Elisabeth(Hrsg.): Sensorische Integration. Original – Heute. Idstein 2006.

Die Autorin

Kristina Hansen
© Bettina Albert

Kristina Hansen (Jg. 68) studierte Schulmusik und Germanistik in Berlin und machte dann ihr Diplom in Gesangspädagogik an der Hochschule für Musik und Theater in Hamburg. Sie arbeitet als Sängerin in freien Projekten und in der Kirchenmusik. Kristina Hansen ist verheiratet und hat drei Kinder.

Als Musikpädagogin ist sie seit 1995 mit Eltern-Kind-Gruppen tätig. Seit 2001 ist sie an der Staatlichen Jugendmusikschule Hamburg angestellt. Sie ist Dozentin bei „Kita macht Musik", einer musikalischen Fortbildung für ErzieherInnen der Hamburger Kitavereinigung. Sie bietet darüber hinaus auch musikalische Fortbildungsseminare für ErzieherInnen im Krippenbereich an.

Die Illustratorin

Vanessa Paulzen (Jg. 1970) Studium Kommunikationsdesign an der Universität Essen mit Schwerpunkt Grafik/Illustration. Illustrationen für zahlreiche Bücher, im Ökotopia Verlag u. a. aus den Reihen „Kinder spielen Geschichte" und „Auf den Spuren fremder Kulturen". Vanessa Paulzen lebt in Düsseldorf und ist auch als freie Künstlerin tätig.

Spiele und Förderung für die Kleinsten

Ökotopia Verlag

E-Mail: info@oekotopia-verlag.de
http://www.oekotopia-verlag.de
und www.weltmusik-fuer-kinder.de

SPIEL & RAT
Almuth Bartl

Babys SpieleSpaß

111 Ideen, nützliche Tipps und Anregungen für die Kleinsten

ISBN 978-3-86702-019-0

Bettina Ried

Eltern turnen mit den Kleinsten

Anleitungen und Anregungen zur Bewegungsförderung von Kindern von 1-4 Jahren

ISBN: 978-3-925169-89-2

Sabine Hirler

Kinder brauchen Musik, Spiel und Tanz

Bewegt-musikalische Spiele, Lieder und Spielgeschichten für kleine und große Kinder

ISBN (Buch): 978-3-931902-28-5
ISBN (CD): 978-3-931902-29-2

Sybille Günther

Krippenkinder begleiten, fördern, unterstützen

Über 200 gezielte, spielerische Angebote für Kinder von 0 bis 3 Jahren

ISBN: 978-3-86702-063-3

Gisela Mühlenberg

Kritzeln, Schnipseln, Klecksen

Erste Erfahrungen mit Farbe, Schere und Papier und lustige Ideen zum Basteln mit Kindern ab 2 Jahren

ISBN: 978-3-925169-96-0

Wolfgang Hering

Kunterbunte Fingerspiele

Fantastisch viele Spielverse und Bewegungslieder für Finger und Hände

ISBN (Buch): 978-3-936286-98-4
ISBN (CD): 978-3-936286-99-1

Wiebke Kemper

Rasselschwein & Glöckchenschaf

Mit Orff-Instrumenten im Kinder- und Musikgarten spielerisch musizieren – für Kinder ab 2

ISBN (Buch): 978-3-936286-17-5
ISBN (CD): 978-3-936286-18-2

Margarita Klein

Schmetterling und Katzenpfoten

Sanfte Massagen für Babys und Kinder

ISBN: 978-3-931902-38-4

E. Gulden, B. Scheer

Singzwerge & Krabbelmäuse

Frühkindliche Entwicklung musikalisch fördern mit Liedern, Reimen, Bewegungs- und Tanzspielen für zu Hause, für Eltern-Kind-Gruppen, Musikgarten und Krippen

ISBN (Buch): 978-3-936286-36-6
ISBN (CD): 978-3-936286-37-3

Johanna Friedl

Spiele für die Kleinsten

Eine bunte Sammlung von abwechslungsreichen Spielideen für Kinder ab 1 Jahr

ISBN: 978-3-86702-058-9

Jakobine Wierz

Vom Kritzel-Kratzel zur Farbexplosion

Kindliche Mal- und Gestaltungsfreude verstehen und fördern – mit zahlreichen praktischen Anregungen von 2 bis 10 Jahren

ISBN 978-3-936286-42-7

Birgit Kasprik

Wi-Wa-Wunderkiste

Mit dem Rollreifen auf den Krabbelberg – Spiel- und Bewegungsanimation für Kinder ab einem Jahr

ISBN: 978-3-925169-85-4